**Mucha**

# Mucha

# fünfzig postkarten

fifty postcards / cinquante cartes postales

Hannes Böhringer
*Abgeschiedenheit*
*Detachment*
*Le détachement*

Herausgegeben
von Peter Hansen
und Markus Hayn

Verlag der Buchhandlung
Walther König, Köln

Anthony d'Offay, London
Luhring Augustine, New York

Cap Corse, 15. August 1987

Lieber Heinz,
Endlich sind wir im Meer. Die Arbeit am Strand ist hart und wenig erfolgreich, trotz Anwendung aller Schutzfaktoren (0 – 15), sowie „après soleil", flackert immer wieder was auf. Flächenbrände konnten jedoch vermieden werden.
Alles Gute! Schmiesl

Herrn
Heinz Baumüller
Stephanienstr. 16
D-4000 Ddf 1
Allemagne

**Vorwort**

Im Sommer 1987 verbrachte Mucha gemeinsam mit Monika Maria Kraft und Isabelle und Philip Nelson einen mehrwöchigen Ferienaufenthalt auf Korsika. Während der Reise dorthin und von dort aus verschickte er an Freunde und Verwandte rund siebzig Postkarten, „Ansichtskarten", die Mucha in der Mehrzahl mit Hilfe eines mitgeführten kleinen Aquarellfarbkastens anfertigte, die „Korsischen Aquarelle" – insgesamt eine durchaus private Angelegenheit, die abseits des bekannten Werkes steht.

Trotzdem entstand einige Monate später schon der Wunsch, die Karten von ihren Empfängern leihweise zurückzuerbitten, um eine Auswahl von ihnen in einem Buch veröffentlichen zu können.

Unsere Idee, in einer Buchreihe Nebenwege künstlerischen Schaffens zu präsentieren, gab Mucha die Gelegenheit, sein Postkarten-Projekt nun endlich zu realisieren, nach fast zehn Jahren also.

An dieser Stelle möchten wir für die Geduld der Leihgeber danken, die ihre Karten nach so langer Zeit zurückerhalten können.
Unser Dank gilt auch Hannes Böhringer, der auf unsere Bitte hin spontan bereit war, einen Textbeitrag zu erarbeiten, welcher auf ganz besondere Weise mit der Idee dieses Buches einhergeht.

Peter Hansen
Markus Hayn
Berlin 1997

## Foreword

In the summer of 1987, Mucha spent some weeks on holiday in Corsica, together with Monika Maria Kraft and Isabelle and Philip Nelson. En route and whilst on the island he sent around seventy postcards to friends and relatives. "Picture postcards" most of them produced using a small box of watercolours Mucha had taken along, the "Corsican watercolours" are on the whole a very private affair beyond his known work.

Nevertheless, a few months later he felt the need to ask the recipients of the postcards to return them to him on loan in order to publish a selection in a book.

Our idea for a book series presenting sidelines of artist's creative production, gave Mucha the chance, after almost ten years, of finally realising his postcard project.

We would like to thank the lenders for the patience they have shown in parting with their cards for so long.
We would also like to thank Hannes Böhringer whose spontaneously enthusiastic response to our request has resulted in an accompanying text that is in particular synthesis with the idea of this book.

Peter Hansen
Markus Hayn
Berlin 1997

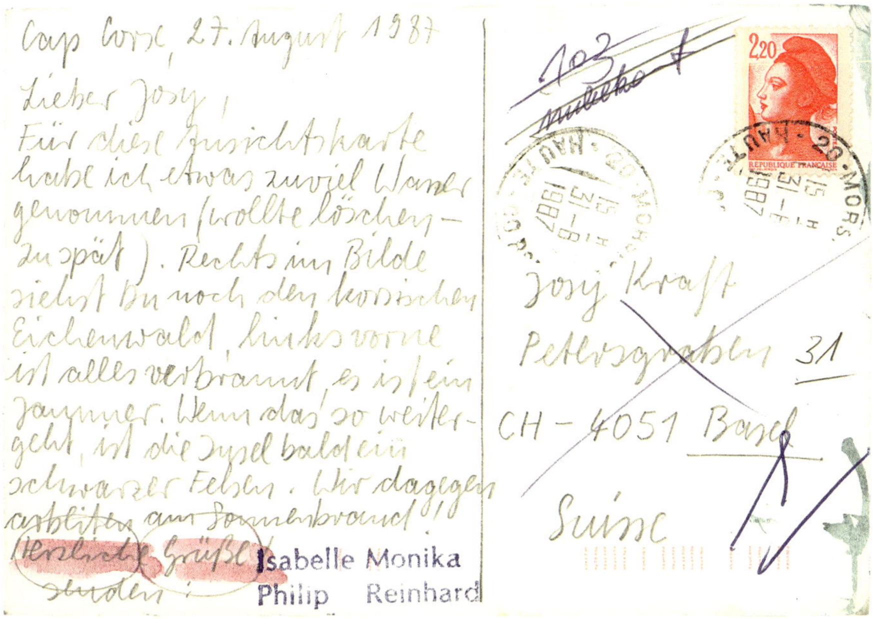


## Avant-propos

Au cours de l'été 1987, Mucha séjourna pour les vacances en Corse pendant plusieurs semaines avec Monika Maria Kraft et Isabelle et Philip Nelson. Durant son voyage vers l'île et lors de son séjour, il envoya à des amis et parents environ soixante-dix cartes postales. La plupart de ces »cartes postales illustrées« ont été réalisées par Mucha à l'aide d'une petite boîte d'aquarelles qu'il avait emportée avec lui, ce sont les »aquarelles corses«. Il s'agit dans l'ensemble d'une démarche plus ou moins privée située à l'écart de l'oeuvre connue.

Quelques mois plus tard néanmoins, il éprouva l'envie de demander à leurs destinataires de lui restituer provisoirement ces cartes afin de pouvoir en publier une sélection dans un livre.

Notre idée de présenter dans une série les détours de la création artistique a donné à Mucha l'occasion de réaliser enfin son projet de cartes postales, près de dix années plus tard.

Nous souhaitons remercier ici de leur patience les prêteurs, qui peuvent désormais, après si longtemps, récupérer leurs cartes.
Nos remerciements s'adressent également à Hannes Böhringer, qui a spontanément accédé à notre demande de rédiger un texte, lequel est tout particulièrement lié à l'idée de ce livre.

Peter Hansen
Markus Hayn
Berlin 1997

**Hannes Böhringer**
**Abgeschiedenheit**

## Hallo

Ich spinne meine Welt, bis jemand mich aus ihr herausreißt, mich anspricht. In der Gegenwart einer anderen Person verlieren meine Gedanken Sicherheit und Selbstverständlichkeit. Was soll ich sagen? Höflichkeit hilft über die Kluft zwischen den Welten, Einstellungen, momentanen Gestimmtheiten hinweg. In die Höflichkeit eingefaßt ist ein magisches Element zuvorkommender Beschwichtigung, Entkräftung des Verdachts, der Andere könne mir Unheil wünschen. Nein, er sagt mir guten Tag. Gruß und Anrede vermitteln. Sie lassen mir Zeit, mich von dem zu verabschieden, womit ich gerade beschäftigt war, und mich dem Grüßenden zuzuwenden. Das Klopfen an der Tür, das Klingeln des Telephons kündigen an, daß ich bald angeredet werde. Wer wird es sein? Auf den Briefumschlägen steht meistens der Name des Absenders. Ich kann mir Zeit lassen mit dem Brieföffnen. Das Klingeln und Angesprochenwerden reißen mich nicht richtig aus meiner Welt heraus. Gedanken und Stimmungen hängen nach. Nie bin ich ganz da. Man müßte sich vom Ausmalen seiner Launen verabschieden, Abgeschiedenheit von allem lernen, um wirklich zu leben, da zu sein, um alles begrüßen, mit allem anfangen zu können. Aber es gelingt nicht. Weder bin ich in meine Gedanken versponnen bei mir noch aus ihnen herausgerissen in der Gegenwart des Anderen. Ich bleibe an der Schwelle der Begrüßung. Hallo. Woher kenne ich den, der mich anspricht? Wie war noch gleich sein Name? Duzen oder siezen wir uns? Hallo soll wie Holla vom Zuruf an den Fährmann herkommen: Hol über!

## Abgeschiedenheit
## I.

Als wir nun eintraten, fanden wir den Sokrates eben entfesselt, und Xanthippe, du kennst sie doch, sein Söhnchen auf dem Arm haltend, saß neben ihm. Als uns Xanthippe nun sah, wehklagte sie und redete allerlei dergleichen, wie die Frauen pflegen, wie: „O Sokrates, nun reden diese deine Freunde zum letzten Mal mit dir und du mit ihnen." Da wendete sich Sokrates zum Kriton und sprach: „O Kriton, laß doch jemand diese nach Hause führen." Da führten einige von Kritons Leuten sie ab, heulend und klagend. (1)

Lachen soll man und zugleich philosophieren, seinen Haushalt führen, seine übrigen Fähigkeiten anwenden und niemals aufhören, die aus der richtigen Philosophie stammenden Lehrsätze zu verkünden. (2)

Denn nicht Trinkgelage und aneinandergereihte Umzüge, auch nicht das Genießen von Knaben und Frauen, von Fischen und allem übrigen, was eine aufwendige Tafel bietet, erzeugen das lustvolle Leben, sondern ein nüchterner Verstand, der die Gründe für jedes Wählen und Meiden aufspürt und die bloßen Vermutungen vertreibt, von denen aus die häufigste Erschütterung auf die Seelen übergreift. (3)

Denke daran, daß unbezwinglich das Leitvermögen wird, wenn es zusammengezogen an sich selbst Genüge findet und nicht tut, was es nicht will... Deswegen ist eine feste Burg die von Affekten freie Denkkraft. Denn nichts Stärkeres hat der Mensch. Hat er da seine Zuflucht gefunden, so ist er in Zukunft unüberwindlich. (4)

Nicht die Tatsachen selbst beunruhigen die Menschen, sondern die Meinungen darüber. So ist der Tod nichts Furchtbares; denn sonst wäre er auch dem Sokrates so erschienen; sondern die Meinung, der Tod sei furchtbar, die ist das Furchtbare. Wenn wir nun Hemmungen, Aufregungen und Kümmernisse erfahren, so wollen wir niemals einen anderen dafür verantwortlich machen als uns selbst, d. h. unsere Meinungen. Den Ungebildeten erkennt man daran, daß er anderen Vorwürfe macht, den philosophischen Anfänger daran, daß er sie sich selbst macht. Der wirklich Gebildete macht solche Vorwürfe weder einem anderen noch sich selbst. (5)

Die Dinge stehen ganz für sich draußen vor der Tür und wissen über sich nichts und erklären sich nicht. (6)

Als auf einer Seefahrt die Mitfahrenden durch einen Sturm in verzagte Stimmung versetzt wurden, blieb er selbst ganz ruhig und weckte wieder eine zuversichtlichere Stimmung, indem er auf ein sein Futter verzehrendes Schweinchen im Schiffe hinwies mit den Worten, diese Unerschütterlichkeit sei ein Muster für das Verhalten des Weisen. (7)

Magst du über das weite Meer fahren, mögen, wie es unser Vergil formuliert, Länder und Städte entschwinden: Es folgen dir, wohin immer du kommst, deine Fehler. Als jemand dasselbe beklagte, erwiderte Sokrates: „Was wunderst du dich, daß nichts dir Reisen nützen, wenn du dich mitnimmst?" ... Mit dir fliehst du. Die Belastung deiner Seele mußt du ablegen: Vorher wird dir kein Ort gefallen ... Aber wenn du dieses Grundübel beseitigt hast, wird jede Ortsveränderung eine Wohltat: In die entferntesten Länder magst du vertrieben werden, in einem beliebigen Winkel der Fremde dich ansiedeln, gastlich wird dir jener...Wohnort sein ... In dieser Überzeugung muß man leben: „Nicht bin ich für einen einzigen Winkel geboren, mein Vaterland ist diese ganze Welt." (8)

Worauf sollte ich also achten? Erstens auf jenes Allgemeine, und es immer bei der Hand haben, und ohne dasselbe nicht schlafen, nicht aufstehen, nicht trinken, nicht essen, nicht mit Menschen umgehen; daß niemand Herr über einen fremden Willen ist, und daß das Gute und Böse nur in ihm liegt. Also niemand ist Herr, mir ein Gut zu verschaffen oder ein Übel zuzufügen; sondern ich allein habe dazu Macht über mich selbst. (9)

Der Sohn starb. Was geschah? Der Sohn starb. Sonst nichts? Nichts. Das Schiff ging verloren. Was geschah? Das Schiff ging verloren. Er wurde ins Gefängnis geführt. Was geschah? Er wurde ins Gefängnis geführt. Das aber, daß es ihm schlecht geht, das setzt jeder von sich selbst dazu. (10)

Im Gedanken an die Möglichkeit, gleich jetzt aus dem Leben zu scheiden, alles tun, sagen und denken. (11)

Wir überwinden die Affekte durch Urteil und Übung, in erster Linie durch das Urteil! Es wird ja niemals jemand etwas meiden und von der Seele abschleifen, was ihm kein Unbehagen bereitet. Unbehagen bereiten aber die Affekte erst, wenn sie den Schaden und die Schande, die sie uns machen, durch Vernunft begriffen haben, so wie wir es jetzt bei den Schwätzern begreifen: Geliebt wollen sie werden – man haßt sie. Gefallen möchten sie – man findet sie lästig. Bewundert glauben sie sich – man lacht über sie. Gewinn haben sie keinen, soviel sie auch aufwenden. Sie versündigen sich an ihren Freunden, nützen ihren Feinden, richten sich selbst zugrunde. Daher besteht der erste Schritt zur Genesung, das erste Heilmittel bei diesem Leiden in der Erwägung, was daraus an Schändlichem und Schmerzlichem entsteht. (12)

Die Unerschütterlichkeit dagegen besteht darin, von alledem losgelöst zu sein und eine beständige Erinnerung zu bewahren an die allumfassenden und entscheidendsten Gesetzmäßigkeiten. (13)

Der Selbstgenügsamkeit größte Frucht: Freiheit. (14)

Obwohl der Weise sich selbst genug ist, hat er Freunde nötig, sie wünscht er zu haben, möglichst reich an Zahl. (15)

Wir sagten am Anfang, daß die Glückseligkeit eine Tätigkeit sei; diese Tätigkeit entsteht und ist nicht einfach da wie ein Besitz. Wenn also das Glückseligsein im Leben und im Tätigsein beruht und die Tätigkeit des Tugendhaften tugendhaft und angenehm in sich selbst ist, wie wir am Anfang sagten, und wenn auch das Vertraute zum Angenehmen gehört und wir eher die Nächsten betrachten können als uns selbst und ihr Handeln eher als das unsrige, und wenn die Handlungen der Tugendhaften den Tugendhaften, die ihre Freunde sind, angenehm sind (denn beide haben das von Natur Angenehme), so wird demnach der Glückselige solcher Freunde bedürfen, wenn er tugendhafte und ihm vertraute Handlungen zu betrachten wünscht und diese eben die Handlungen des tugendhaften Menschen sind, der sein Freund ist. (16)

Ich bin nicht so vermessen, daß ich Behandlungen, obwohl krank, beginne, sondern als ob ich in derselben Heilstätte läge, unterhalte ich mich mit dir über die gemeinsame Krankheit und teile die Heilmittel. So also höre mich an, als ob ich mit mir spräche: In meine Abgeschiedenheit lasse ich dich ein, und in deiner Gegenwart gehe ich streng mit mir zu Rate. (17)

Sie suchen sich Plätze, um sich zurückzuziehen: Ländlichkeit, Strand, Gebirge. Auch du pflegst derartiges besonders zu ersehnen. All dies aber ist recht unphilosophisch; kannst du dich doch, zu welcher Stunde du willst, in dich zurückziehen. Denn in keinen ruhigeren und sorgenfreieren Ort zieht sich der Mensch zurück als in seine Seele, besonders wenn einer im Innern derartige Leitsätze besitzt, über die er sich nur zu bücken braucht, um gleich in Wohlbefinden zu sein ... Kurz aber und elementar sollen sie sein, um, sobald sie nur entgegentreten, zu genügen, jeden Kummer auszuschließen und dich frei von Unwillen zu entlassen. (18)

Schlimm ist der Zwang, doch es gibt keinen Zwang, unter Zwang zu leben. (19)

Wen wirst du mir zeigen, der irgendeinen Wert der Zeit beimißt, der den Tag zu schätzen weiß, der einsieht, täglich sterbe er? Darin nämlich täuschen wir uns, daß wir den Tod vor uns sehen. (20)

Den glückseligen Tag feiernd und zugleich als letzten meines Lebens vollendend schreibe ich euch dies: Ihn begleiten Blasen- und Darmkoliken, die keine Steigerung der ihnen innewohnenden Heftigkeit zulassen. Doch all dem widersetzt sich die Freude meines Herzens über die Erinnerung an die von uns abgeschlossenen Erörterungen. Du aber erweise dich würdig deiner von Jugend an vorhandenen Zuneigung zu mir und der Philosophie und sorge für die Kinder des Metrodoros! (21)

Was du besonders meiden mußt, fragst du: die Masse. Noch kannst du dich mit ihr nicht ohne Gefahr einlassen. Ich jedenfalls will dir eingestehen meine Schwäche: Niemals bringe ich von einem Ausgang den Charakter zurück, mit dem ich das Haus verlassen habe ... Habgieriger kehre ich zurück, ehrgeiziger, genußsüchtiger, nein – grausamer und unmenschlicher, weil ich unter Menschen gewesen bin. (22)

Werdet mir nun nicht böse, wenn ich die Wahrheit rede. Denn kein Mensch kann sich erhalten, der sich sei es nun euch oder einer andern Volksmenge tapfer widersetzt und viel Ungerechtes und Gesetzwidriges im Staate zu verhindern sucht: Sondern notwendig muß, wer in der Tat für die Gerechtigkeit streiten will, auch wenn er sich nur kurze Zeit erhalten soll, ein zurückgezogenes Leben führen, nicht ein öffentliches. (23)

Zusammen mit ihnen wie ein Busch wachsen, aber nicht die Leitsätze teilen. (24)

So vieler Worte ich gehört habe, keiner kommt so weit zu erkennen, daß das Weise etwas von allem Getrenntes ist. (25)

Was ist das? Hier, was ist es für ein Ton, der mein Ohr so mächtig und lieblich erfüllt? ... Die durch diesen Klang angefüllten Ohren der Menschen wurden taub, und es gibt keinen stumpferen Sinn in euch, so wie dort, wo der Nil zu den berühmten sogenannten Katarakten von Riesenbergen herabstürzt, das Volk, das Anwohner dieses Ortes ist, wegen der Größe des Lärms des Hörsinns ermangelt. Dieser Sphärenklang aber ist durch die blitzschnelle Umdrehung der gesamten Welt so stark, daß ihn die menschlichen Ohren nicht aufnehmen können, wie ihr nicht gegen die Sonne blicken könnt und durch deren Strahlen eure Sehschärfe und euer Gesichtssinn niedergezwungen werden. (26)

Vor Gott ist alles schön, gut und gerecht, aber die Menschen wähnen, das eine sei unrecht, das andere recht. (27)

Da es nun nicht zwei waren, sondern er selbst, der Schauende, mit dem Geschauten eins war (es war also eigentlich nicht „Geschautes", sondern sozusagen „Geeintes"), so trägt er, wenn er sich nur an seinen Zustand im Augenblick der Vereinigung erinnert, ein Abbild von Jenem in sich. In diesem Zustand war er aber auch in sich selbst Eines; er hatte in sich keine Geschiedenheit zu sich selbst weder in seinen andern Funktionen (es bewegte sich in ihm nichts, kein Zorn, keine Begierde war in ihm, als er in der Höhe war) – aber auch kein Begriff noch irgendein Denken; ja überhaupt sein Selbst war nicht da, wenn denn das gesagt werden soll, sondern gleichsam hinaufgerissen, oder vielmehr in ruhiger Gotterfülltheit ist er in die Abgeschiedenheit eingetreten, in einen Zustand der Bewegungslosigkeit, und er wird in seinem ganzen Sein nicht abgelenkt, auch nicht zu sich selbst hingedreht, völlig stillstehend und gleichsam selbst Stillestehen. Selbst die schönen Dinge denkt er nicht mehr, sondern über das Schöne ist er nun hinweggeeilt, hinausgeschritten nun auch über den Reigen der Tugenden, wie einer, der in das Innere der unbetretbaren heiligen Kammer eingetreten ist und die Götterbilder im Tempel hinter sich gelassen hat. (28)

Sokrates aber, auf dem Bette sitzend, zog das Bein an sich und rieb sich den Schenkel mit der Hand, indem er zugleich sagte: Was für ein eigenes Ding, ihr Männer, ist es doch um das, was die Menschen angenehm nennen, wie wunderlich es sich verhält zu dem, was ihm entgegengesetzt zu sein scheint, dem Unangenehmen, daß nämlich beide zu gleicher Zeit zwar nie in dem Menschen sein wollen, doch aber, wenn einer dem einen nachgeht und es erlangt, er fast immer genötigt ist, auch das andere mitzunehmen, als ob die zwei an einer Spitze zusammengeknüpft wären; und ich denke, wenn Äsopos dies bemerkt hätte, würde er eine Fabel daraus gemacht haben, daß Gott beide, da sie im Kriege begriffen sind, habe aussöhnen wollen, und weil er dies nicht gekonnt, sie an den Enden zusammengeknüpft habe, und deshalb nun, wenn jemand das eine hat, komme ihm das andere nach. So scheint es auch mir gegangen zu sein; weil ich von der Fessel in dem Schenkel vorher Schmerz hatte, so kommt mir nun die angenehme Empfindung hintennach...
Es ist mir oft derselbe Traum vorgekommen in dem nun vergangenen Leben, der mir, bald in dieser, bald in jener Gestalt erscheinend, immer dasselbe sagte: O Sokrates, sprach er, mach und treibe Musik. Und ich dachte sonst immer, nur zu dem, was ich schon tat, ermunterte er mich und treibe mich noch mehr an, wie man die Laufenden anzutreiben pflegt, so ermuntere mich auch der Traum zu dem, was ich schon tat. Musik zu machen, weil nämlich die Philosophie die vortrefflichste Musik ist und ich diese doch trieb. (29)

## II.

Das ledige Gemüt vermag alle Dinge. (1)

Alles, was von uns gefordert wird, ist ein durch Wachsamkeit gereinigtes Gemüt. (2)

Die Gelassenheit leget sich zum Albern in Staub. Sie spricht: Ich will albern sein und nichts verstehen, auf daß sich mein Verstand nicht erhebe. (3)

Nicht ich selbst will mir das Leben sein, schlecht hab' ich gelebt aus mir, ich bin mir mein Tod gewesen; in Dir werde ich wieder lebendig. Sprich Du mich an, Du rede zu mir! (4)

Denn sobald die Seele von der Selbheit vom Vernunft-Licht isset, so wandelt sie in eigenem Wahn... So läuft sie denn so lange im Irrtum, bis sie sich ganz in die Gelassenheit wieder einergibt und sich aufs neue für ein besudelt Kind erkennet... (5)

Wenn ich es mitunter unternommen habe, die mannigfaltige Unruhe der Menschen zu betrachten, sowohl die Gefahren wie die Mühsale, denen sie sich, sei es bei Hofe oder im Krieg aussetzen, woraus so vielerlei Streit, Leidenschaften, kühne und oft böse Handlungen entspringen, so habe ich oft gesagt, daß alles Unglück der Menschen einem entstammt, nämlich daß sie unfähig sind, in Ruhe allein in ihrem Zimmer bleiben zu können. Kein Mensch, der genug zum Leben hat, würde sich, wenn er es nur verstünde, zufrieden zu Hause zu bleiben, aufmachen, um die Meere zu befahren oder eine Festung zu belagern... Als ich dies des Näheren bedacht und den Grund all unserer Leiden erkannt hatte, wollte ich die Gründe hierfür finden. Ich fand, daß es einen überaus wirkungsvollen gibt; er liegt in dem natürlichen Unglück unserer schwachen, sterblichen und so elenden Seinslage, daß uns nichts zu trösten vermag, sobald wir nur genauer darüber nachdenken... Deshalb sind das Spiel und die Unterhaltung mit Frauen, sind der Krieg und die hohen Ämter so begehrt. Sie sind es nicht deshalb, weil hier wirklich das Glück liegt. (6)

Es will der Mensch, es seien nicht die Begierden, und er macht nicht, was er will. Warum? (7)

Die Gebote lehren und schreiben uns mancherlei gute Werke vor, aber damit sind sie noch nicht geschehen. Sie weisen wohl, sie helfen aber nicht, lehren, was man tun soll, geben aber keine Stärke dazu: Darum sind sie nur dazu geordnet, daß der Mensch darinnen sein Unvermögen zu dem Guten sehe und an sich selbst verzweifeln lerne. (8)

Befehl gibt der Geist dem Körper, und sogleich wird gehorcht; Befehl gibt der Geist sich selbst, und da ist Widerstand. Befehl gibt der Geist, daß die Hand sich bewege, und mit einer Leichtigkeit geschieht es, daß man Befehl und Vollzug kaum mehr unterscheiden kann: und der Geist ist doch Geist, die Hand aber ist Körper. Befehl gibt der Geist, der Geist soll wollen; er ist ein und derselbe, und doch tut er's nicht. (9)

Hier, wo ich zu sein vermag, mag ich nicht sein; dort, wo ich sein möchte, vermag ich nicht zu sein: elend im Haben, elend im Mangel. (10)

So nun treibt, wenn man es recht betrachtet, alles seinen Spott mit dem elenden Menschen: Die Welt betrügt, das Leben belügt, das Glück verhöhnt ihn, die Gesundheit versagt sich ihm, böse setzt ihm die Krankheit zu, das Gute entweicht ihm, die Jahre entfliehen, die Freuden erscheinen nicht, die Zeit verfliegt, das Leben endet; es packt ihn der Tod, es verschlingt ihn das Grab, die Erde bedeckt, die Fäulnis zersetzt ihn, die Vergessenheit macht ihn zunichte; und der gestern ein Mensch war, ist heute Staub und morgen ein Nichts. (11)

Alles geht über Ihre Kraft hinaus. Sie wissen nicht, was Sie wollen. Wie ein Kind haben Sie Freuden und Kummer, ohne den Grund dafür sagen zu können, da alles wie im Traum vergeht, sobald Sie sich Rechenschaft darüber geben wollen. Was Sie über Ihren inneren Zustand sagen wollen, erscheint Ihnen immer als Lüge. Denn es hört auf, wahr zu sein, sobald Sie es aussprechen wollen. Nichts hat Bestand in Ihnen, über nichts können Sie Auskunft geben: Sie können sich weder etwas vornehmen noch Ihren Zustand beschreiben. In Ihrem Innenleben sind Sie wie die Nonnen von der Heimsuchung in Hinsicht auf ihre Zellen und deren Einrichtungsgegenstände: alles wechselt, nichts gehört Ihnen, Ihr Herz noch weniger als alles andere. Man möchte nicht glauben, wie sehr diese kindliche Unbeständigkeit einen klugen, entschlossenen und in seiner Tugend hochgemuten Menschen klein macht und zerstört. Einer kranken und im Todeskampf begriffenen Seele von guter Veranlagung, von Zärtlichkeit, Großzügigkeit und Beständigkeit oder von Dankbarkeit gegenüber Freunden zu sprechen, heißt so viel, als wollte man einem Sterbenden von Tanz und Musik reden. Das Herz ist ein bis in die Wurzeln vertrockneter Baum. (12)

An den gedachten Ecken der runden Welt blast eure Posaunen, Engel! Und steht auf, steht auf vom Tod, ihr zahllosen Unendlichkeiten von Seelen, geht zu euren zerstreuten Leibern, welche die Urflut umgebracht hat, ... die Krieg, Mangel, Alter, Seuchen oder Tyranneien, Verzweiflung, weltliches Recht oder das Schicksal zerschlagen hat... Tod, sei nicht stolz, wenn auch die Menschen dich mächtig und furchtbar nannten; denn du bist es nicht. Jene, die du zu vernichten wähnst, sterben nicht, armer Tod, noch kannst du mich verderben... Tod, du mußt sterben. (13)

Auf der unbewegten Meeresfläche spielen Fische, und die Delphine springen vor Freude. (14)

## III.

Lachen soll man und zugleich philosophieren. (1)

Das ledige Gemüt vermag alle Dinge. (2)

Nicht Trinkgelage und aneinandergereihte Umzüge, auch nicht das Genießen von Knaben und Frauen, von Fischen und allem übrigen, was eine aufwendige Tafel bietet, erzeugen das lustvolle Leben, sondern ein nüchterner Verstand. (3)

Alles, was von uns gefordert wird, ist ein durch Wachsamkeit gereinigtes Gemüt. (4)

Denke daran, daß unbezwinglich das Leitvermögen wird, wenn es an sich selbst Genüge findet und nicht tut, was es nicht will. (5)

Die Gelassenheit leget sich zum Albern in Staub. Sie spricht: Ich will albern sein und nichts verstehen. (6)

Nicht die Tatsachen selbst beunruhigen die Menschen sondern die Meinungen darüber. So ist der Tod nichts Furchtbares; denn sonst wäre er auch dem Sokrates so erschienen; sondern die Meinung, der Tod sei furchtbar, die ist das Furchtbare. (7)

Ich bin mir mein Tod gewesen; in Dir werde ich wieder lebendig. Sprich Du mich an, Du rede zu mir! (8)

Die Dinge stehen ganz für sich draußen vor der Tür. (9)

Sobald die Seele von der Selbheit vom Vernunft-Licht isset, so wandelt sie in eigenem Wahn ..., bis sie sich ganz in die Gelassenheit wieder einergibt und sich aufs neue für ein besudelt Kind erkennet. (10)

Als auf einer Seefahrt die Mitreisenden durch einen Sturm in verzagte Stimmung versetzt wurden, blieb er selbst ganz ruhig und weckte wieder eine zuversichtlichere Stimmung, indem er auf ein sein Futter verzehrendes Schweinchen im Schiffe hinwies. (11)

Kein Mensch, der genug zum Leben hat, würde sich, wenn er es nur verstünde, zufrieden zu Hause zu bleiben, aufmachen, um die Meere zu befahren oder eine Festung zu belagern. (12)

Magst du über das weite Meer fahren, mögen, wie es unser Vergil formuliert, Länder und Städte entschwinden: es folgen dir, wohin immer du kommst, deine Fehler. (13)

Es will der Mensch, und er macht nicht, was er will. Warum? (14)

Worauf soll ich also achten? Daß niemand Herr über einen fremden Willen ist, und daß das Gute und Böse nur in ihm liegt. (15)

Die Gebote lehren und schreiben uns mancherlei gute Werke vor, aber damit sind sie noch nicht geschehen. Sie weisen wohl, sie helfen aber nicht, lehren, was man tun soll, geben aber keine Stärke dazu. (16)

Der Sohn starb. Was geschah? Der Sohn starb. Sonst nichts? Nichts. Das Schiff ging verloren. Was geschah? (17)

Befehl gibt der Geist dem Körper, und sogleich wird gehorcht; Befehl gibt der Geist sich selbst, und da ist Widerstand. Befehl gibt der Geist, der Geist soll wollen; er ist ein und derselbe, und doch tut er's nicht. (18)

Im Gedanken an die Möglichkeit, gleich jetzt aus dem Leben zu scheiden, alles tun, sagen und denken. (19)

Hier, wo ich zu sein vermag, mag ich nicht sein; dort, wo ich sein möchte, vermag ich nicht zu sein. (20)

Wir überwinden die Affekte durch Urteil und Übung, in erster Linie durch das Urteil! Es wird niemand etwas meiden und von der Seele abschleifen, was ihm kein Unbehagen bereitet. (21)

Die Welt betrügt, das Leben belügt, das Glück verhöhnt ihn, böse setzt ihm die Krankheit zu, das Gute entweicht ihm, die Zeit verfliegt, das Leben endet, es verschlingt ihn das Grab, die Fäulnis zersetzt ihn; und der gestern ein Mensch war, ist ... morgen ein Nichts. (22)

Die Unerschütterlichkeit dagegen besteht darin, von alledem losgelöst zu sein. (23)

Nichts hat Bestand in Ihnen, über nichts können Sie Auskunft geben: Sie können sich weder etwas vornehmen noch Ihren Zustand beschreiben. In Ihrem Innenleben sind Sie wie die Nonnen von der Heimsuchung in Hinsicht auf ihre Zellen und deren Einrichtungsgegenstände: alles wechselt, nichts gehört Ihnen, Ihr Herz noch weniger als alles andere. (24)

Der Selbstgenügsamkeit größte Frucht: Freiheit. (25)

An den gedachten Ecken der runden Welt blast eure Posaunen, Engel! Ihr zahllosen Unendlichkeiten von Seelen, geht zu euren zerstreuten Leibern. (26)

Obwohl der Weise sich selbst genug ist, hat er Freunde nötig. (27)

Auf der unbewegten Meeresfläche spielen die Fische, und die Delphine springen vor Freude. (28)

**Abgeschiedenheit**

**I (philosophisch):** 1 Platon, 2 Epikur, 3 Epikur, 4 Marc Aurel, 5 Epiktet, 6 Marc Aurel, 7 Diogenes Laertius, 8 Seneca, 9 Epiktet, 10 Epiktet, 11 Marc Aurel, 12 Plutarch, 13 Epikur, 14 Epikur, 15 Seneca, 16 Aristoteles, 17 Seneca, 18 Marc Aurel, 19 Epikur, 20 Seneca, 21 Epikur, 22 Seneca, 23 Platon, 24 Marc Aurel, 25 Heraklit, 26 Cicero, 27 Heraklit, 28 Plotin, 29 Platon.

**II (christlich):** 1 Meister Eckehart, 2 Symeon der neue Theologe, 3 Jacob Boehme, 4 Augustinus, 5 Jacob Boehme, 6 Pascal, 7 Augustinus, 8 Luther, 9 Augustinus, 10 Augustinus, 11 Gracián, 12 Fénelon, 13 John Donne, 14 Hesychius vom Batos-Kloster.

**III (abwechselnd):** 1 **I**.2, 2 **II**.1, 3 **I**.3, 4 **II**.2, 5 **I**.4, 6 **II**.3, 7 **I**.5, 8 **II**.4, 9 **I**.6, 10 **II**.5, 11 **I**.7, 12 **II**.6, 13 **I**.8, 14 **II**.7, 15 **I**.9, 16 **II**.8, 17 **I**.10, 18 **II**.9, 19 **I**.11, 20 **II**.10, 21 **I**.12, 22 **II**.11, 23 **I**.13, 24 **II**.12, 25 **I**.14, 26 **II**.13, 27 **I**.15, 28 **II**.14

Hannes Böhringer

# Detachment

## Hallo

I spin within my world until another speaks. In the presence of the other my securest thoughts vanish. In the pause before we meet a trace of expectancy grows, half charmed, perhaps from the overcoming of suspicion or of an ancient fear. Does the other not mean well? No, bread and wine. He says hello.

The greeting and the talking gradually separate me from the inner place where I had been preoccupied.The knock on the door and the telephone are signals. Someone will soon speak to me. Who is it? The sender usually writes a name on the post envelope. Opening letters one has more time...

But neither the ring nor the talk on the phone draws me fully out of my world. The mood or a part of the thought remains suspended. I am never completely here. To be fully in the presence of the other, one must learn to inhabit a tranquil and vacant space, unaccompanied and apart from the world. When this is left behind one is prepared to greet the other and to begin the moment anew. But it doesn't work. Either I remain spun in my thought, or I lose my thought in the presence of the other. When did I meet this person? What was the name? Not hello but Ahoy, one might say, as though to call to the Ferryman who'll bring himself over.

## Detachment
## I.

When we went inside we found Socrates just released from his chains, and Xanthippe – you know her! – sitting by him with the little boy on her knee. As soon as Xanthippe saw us she broke out into the sort of remark you would expect from a woman, Oh, Socrates, this is the last time that you and your friends will be able to talk together! Socrates looked at Crito. Crito, he said, someone had better take her home. Some of Crito's servants led her away crying hysterically. (1)

We must laugh and philosophize at the same time and do our household duties and employ our other faculties, and never cease proclaiming the sayings of the true philosophy. (2)

For it is not continuous drinkings and revellings, nor the satisfaction of lusts, nor the enjoyment of fish and other luxuries of the wealthy table, which produce a pleasant life, but sober reasoning, searching out the motives for all choice and avoidance, and banishing mere opinions, to which are due the greatest disturbance of the spirit. (3)

Never forget that the ruling Reason shews itself unconquerable when, concentrated in itself, it is content with itself, so it do nothing that it doth not will...Therefore the Mind, unmastered by passions, is a very citadel, for a man has no fortress more impregnable wherein to find refuge and be untaken for ever. (4)

It is not the things themselves that disturb men, but their judgements about these things. For example, death is nothing dreadful, or else Socrates too would have thought so, but the judgement that death is dreadful, *this* is the dreadful thing. When, therefore, we are hindered, or disturbed, or grieved, let us never blame anyone but ourselves, that means, our own judgements. It is the part of an uneducated person to blame others where he himself fares ill; to blame himself is the part of one whose education has begun; to blame neither another nor his own self is the part of one whose education is already complete. (5)

Objective things stand outside the door, keeping themselves to themselves, without knowledge of or message about themselves. (6)

When his fellow-passengers on board a ship were all unnerved by a storm, he kept calm and confident, pointing to a little pig in the ship that went on eating, and telling them that such was the unperturbed state in which the wise man should keep himself. (7)

Though you may cross vast spaces of sea, and though, as our Vergil remarks, lands and cities are left astern, your faults will follow you withersoever you travel. Socrates made the same remark to one who complained; he said: "Why do you wonder that globe-trotting does not help you, seeing that you always take yourself with you?"...It is because you flee along with yourself. You must lay aside the burdens of the mind; until you do this, no place will satisfy you...That trouble once removed, all change of scene will become pleasant; though you may be driven to the uttermost ends of the earth, in whatever corner of a savage land you may find yourself, that place, however forbidding, will be to you a hospitable abode...Live in this belief: "I am not born for any one corner of the universe; this whole world is my country." (8)

What are the things, then, to which I ought to pay attention? – First, these general principles, and you ought to have them at your command, and without them neither go to sleep, nor rise up, nor drink, nor eat, nor mingle with men; I mean the following: No man is master of another's moral purpose; and: In its sphere alone are to be found one's good and evil. It follows, therefore, that no one has power either to procure me good, or to involve me in evil, but I myself alone have authority over myself in these matters. (9)

His son is dead. What happened? His son is dead. Nothing else? Not a thing. His ship is lost. What happened? His ship is lost. He was carried off to prison. What happened? He was carried off to prison. But the observation: "He has fared ill," is an addition that each man makes on his own responsibility. (10)

Let thine every deed and word and thought be those of a man who can depart from life this moment. (11)

We overcome morbid conditions by judgement and exercise. Judgement comes first. No one acquires the habit of avoiding and erasing from his personality a characteristic for which he does not feel disgust; and we feel disgust for a condition when we rationally observe the damage and shame that result from it. Thus we observe, in the case of the talkative, that they annoy when they wish to ingratiate, are ridiculed when they think themselves admired, spend their resources without profit, wrong their friends and benefit their enemies, and ruin themselves. The first treatment and medicine for the disease is rational evaluation of its disgraceful and painful consequences. (12)

But peace of mind is being delivered from all this, and having a constant memory of the general and most essential principles. (13)

The greatest fruit of self-sufficiency is freedom. (14)

Self-contented as he is, then, he does need friends – and wants as many of them as possible. (15)

For we have said at the outset that happiness is an activity; and activity plainly comes into being and is not present at the start like a piece of property. If happiness lies in living and being active, and the good man's activity is virtuous and pleasant in itself, as we have said at the outset, and a thing's being one's own is one of the attributes that make it pleasant, and we can contemplate our neighbours better than ourselves and their actions better than our own, and if the actions of virtuous men who are their friends are pleasant to good men (since these have both the attributes that are naturally pleasant),– if this be so, the supremely happy man will need friends of this sort, since his purpose is to contemplate worthy actions and actions that are his own, and the actions of a good man who is his friend have both these qualities. (16)

No, I'm not so shameless as to set about treating people when I'm sick myself. I'm talking to you as if I were lying in the same hospital ward, about the illness we're both suffering from, and passing on some remedies. So listen to me as if I were speaking to myself. I'm allowing you access to my inmost self, calling you in to advise me as I have things out with myself. (17)

Men seek out retreats for themselves in the country, by the seaside, on the mountains, and thou too art wont to long above all for such things. But all this is unphilosophical to the last degree, when thou canst at a moment's notice retire into thyself. For nowhere can a man find a retreat more full of peace or more free from care than his own soul – above all if he have that within him, a steadfast look at which and he is at once in all good ease... Let thy axioms be short and elemental, such as when set before thee will at once rid thee of all trouble, and send thee away with no discontent at those things to which thou art returning. (18)

Necessity is an evil, but there is no necessity to live under the control of necessity. (19)

What man can you show me who places any value on his time, who reckons the worth of each day, who understands that he is dying daily? For we are mistaken when we look forward to death. (20)

On this truly happy day of my life, as I am at the point of death, I write this to you. The disease in my bladder and stomach are pursuing their course, lacking nothing of their natural severity: but against all this is the joy in my heart at the recollection of my conversations with you. Do you, as I might expect from your devotion from boyhood to me and to philosophy, take good care of the children of Metrodorus. (21)

You ask me to say what you should consider it particularly important to avoid. My answer is this: a mass crowd. It is something to which you cannot entrust yourself yet without risk. I at any rate am ready to confess my own frailty in this respect. I never come back home with quite the same moral character I went out with...What do you take me to mean? That I go home more selfish, more self-seeking and more self-indulgent? Yes, and what is more, a person crueller and less humane through having been in contact with human beings. (22)

Please do not be offended if I tell you the truth. No man on earth who conscientiously opposes either you or any other organized democracy, and flatly prevents a great many wrongs and illegalities from taking place in the state to which he belongs, can possibly escape with his life. The true champion of justice, if he intends to survive even for a short time, must necessarily confine himself to private life and leave politics alone. (23)

Be of one bush, but not of one mind. (24)

Of all whose accounts I have heard no one reaches the point of recognizing that wise is separated from all. (25)

"What is this loud and agreeable sound that fills my ears?" ...Men's ears, ever filled with this sound, have become deaf to it; for you have no duller sense than that of hearing. We find a similar phenomenon where the Nile rushes down from those lofty mountains at the place called Catadupa; the people who live near by have lost their sense of hearing on account of the loudness of the sound. But this mighty music, produced by the revolution of the whole universe at the highest speed, cannot be perceived by human ears, any more than you can look straight at the Sun, your sense of sight being overpowered by its radiance." (26)

To god all things are beautiful and good and just, but men have supposed some things to be unjust, others just. (27)

There were not two; beholder was one with beheld; it was not a vision compassed but a unity apprehended. The man formed by this mingling with the Supreme must – if he only remember – carry its image impressed upon him: he is become the Unity, nothing within him or without inducing any diversity; no movement now, no passion, no outlooking desire, once this ascent is achieved; reasoning is in abeyance and all Intellection and even, to dare the word, the very self: caught away, filled with God, he has in perfect stillness attained isolation; all the being calmed, he turns neither to this side nor to that, not even inwards to himself; utterly resting he has become very rest. He belongs no longer to the order of the beautiful; he has risen beyond beauty; he has overpassed even the choir of the virtues; he is like one who, having penetrated the inner sanctuary, leaves the temple images behind him. (28)

Socrates sat up on the bed and drew up his leg and massaged it, saying as he did so, What a queer thing it is, my friends, this sensation which is popularly called pleasure! It is remarkable how closely it is connected with its conventional opposite, pain. They will never come to a man both at once, but if you pursue one of them and catch it, you are nearly always compelled to have the other as well; they are like two bodies attached to the same head. I am sure that if Aesop had thought of it he would have made up a fable about them, something like this – God wanted to stop their continual quarreling, and when he found that it was impossible, he fastened their heads together; so wherever one of them appears, the other is sure to follow after. That is exactly what seems to be happening to me. I had a pain in my leg from the fetter, and now I feel the pleasure coming that follows it... In the course of my life I have often had the same dream, appearing in different forms at different times, but always saying the same thing, 'Socrates, practice and cultivate the arts.' In the past I used to think that it was impelling and exhorting me to do what I was actually doing; I mean that the dream, like a spectator encouraging a runner in a race, was urging me on to do what I was doing already, that is, practicing the arts, because philosophy is the greatest of the arts, and I was practicing it. (29)

## II.

The empty spirit can do everything. (1)

God demands only one thing from us – that our heart be purified by means of attention. (2)

Resignation lies down in the dust with the lowly, and says, "I want to be simple, and understand nothing, so that my reason will not lift itself up and sin." (3)

I lived ill, death was I to myself; and I revive in Thee. Do Thou speak unto me, do Thou discourse unto me. (4)

For, as soon as the soul eats of self and of reason's light, it walks in its own delusion... Then it walks in error until it again gives itself completely into resignation, and acknowledges itself again as a dirtied child. (5)

Sometimes, when I set to thinking about the various activities of men, the dangers and troubles which they face at Court, or in war, giving rise to so many quarrels and passions, daring and often wicked enterprises and so on, I have often said that the sole cause of man's unhappiness is that he does not know how to stay quietly in his room. A man wealthy enough for life's needs would never leave home to go to sea or besiege some fortress if he knew how to stay at home and enjoy it...But after closer thought, looking for the particular reasons for all our unhappiness now that I knew its general cause, I found one very cogent reason in the natural unhappiness of our feeble mortal condition, so wretched that nothing can console us when we really think about it... That is why gaming and feminine society, war and high office are so popular. It is not that they really bring happiness. (6)

We do not what we would. Why? (7)

Although the commandments teach things that are good, the things taught are not done as soon as they are taught, for the commandments show us what we ought to do but do not give us the power to do it. They are intended to teach man to know himself, that through them he may recognize his inability to do good and may despair of his own ability. (8)

The mind commands the body, and it obeys instantly; the mind commands itself, and is resisted. The mind commands the hand to be moved; and such readiness is there, that command is scarce distinct from obedience. Yet the mind is mind, the hand is body. The mind commands the mind, its own self, to will, and yet it doth not. (9)

Here I can stay, but would not; there I would, but cannot; both ways, miserable. (10)

As it happens, if one cares to take notice, all mockery befalls the miserable man: the world deceives him, life lies to him, luck taunts him, health is denied him, bad fortune makes him sick, good fortune escapes him, the years flee, life ends; death seizes him, the grave devours him, the soil covers him, rot sets in, oblivion destroys him; and he who yesterday was a man, is today dust and tomorrow nothing. (11)

Everything overwhelms you; you don't know what you want. You are like a child who is unable to discern the reason for likes or dislikes and whose ideas evaporate like a dream as soon as he begins to talk. The description of your inner sentiment doesn't seem to ring true as soon as you speak of it. Nothing subsists within; you respond to nothing and you are unable to resolve anything. You remain enclosed within your innermost self, the way the Sisters of Visitation remain enclosed within their cells: everything changes, and nothing belongs to you, much less your heart than anything else. One would never believe how such childish indecisiveness is able to make the wise soul falter from the height of his virtue. When the soul is ailing in an anguished state, one cannot speak of well being, or tenderness, or generosity: this would be like speaking about dance and festivity to a dying person. The heart is like a tree that is dried to the root. (12)

At the round earths imagin'd corners, blow/Your trumpets, Angells, and arise, arise/From death, you numberlesse infinities/Of soules, and to your scattred bodies goe,/ All whom the flood did, and fire shall o'erthrow,/All whom warre, dearth, age, agues, tyrannies,/Despaire, law, chance, hath slaine.../Death be not proud, though some have called thee/Mighty and dreadfull, for, thou art not soe,/For, those, whom thou think'st, thou dost overthrow,/Die not, poore death, nor yet canst thou kill mee... death, thou shalt die. (13)

Fishes play and dolphins leap in a calm sea. The sea is fanned by a light breeze. (14)

## III.

We must laugh and philosophize at the same time. (1)

The empty spirit can do everything. (2)

For it is not continuous drinkings and revellings, nor the satisfaction of lusts, nor the enjoyment of fish and other luxuries of the wealthy table, which produce a pleasant life, but sober reasoning. (3)

God demands only one thing from us – that our heart be purified by means of attention. (4)

Never forget that the ruling Reason shews itself unconquerable so it do nothing that it doth not will. (5)

Resignation lies down in the dust with the lowly... and says, "I want to be simple, and understand nothing." (6)

It is not the things themselves that disturb men, but their judgements about these things. For example, death is nothing dreadful, or else Socrates too would have thought so, but the judgement that death is dreadful, *this* is the dreadful thing. (7)

Death was I to myself; and I revive in Thee. Do Thou speak unto me, do Thou discourse unto me. (8)

Objective things stand outside the door. (9)

As soon as the soul eats of self and of reason's light, it walks in its own delusion... until it again gives itself completely into resignation, and acknowledges itself again as a dirtied child. (10)

When his fellow-passengers on board a ship were all unnerved by a storm, he kept calm and confident, pointing to a little pig in the ship that went on eating. (11)

A man wealthy enough for life's needs would never leave home to go to sea or besiege some fortress if he knew how to stay at home and enjoy it. (12)

Though you may cross vast spaces of sea, and though, as our Vergil remarks, lands and cities are left astern, your faults will follow you whithersoever you travel. (13)

We do not what we would. Why? (14)

What are the things, then, to which I ought to pay attention? – No man is master of another's moral purpose; and: In its sphere alone are to be found one's good and evil. (15)

Although the commandments teach things that are good, the things taught are not done as soon as they are taught, for the commandments show us what we ought to do but do not give us the power to do it. (16)

His son is dead. What happened? His son is dead. Nothing else? Not a thing. His ship is lost. What happened? (17)

The mind commands the body, and it obeys instantly; the mind commands itself, and is resisted. The mind commands the mind, its own self, to will, and yet it doth not. (18)

Let thine every deed and word and thought be those of a man who can depart from life this moment. (19)

Here I can stay, but would not; there I would, but cannot. (20)

We overcome morbid conditions by judgement and exercise. Judgement comes first. No one acquires the habit of avoiding and erasing from his personality a characteristic for which he does not feel disgust. (21)

The world deceives him, life lies to him, luck taunts him, health is denied him, bad fortune makes him sick, good fortune escapes him, the years flee, life ends; death seizes him, the grave devours him, the soil covers him, rot sets in, oblivion destroys him; and he who yesterday was a man, is ... tomorrow nothing. (22)

But peace of mind is being delivered from all this. (23)

Nothing subsists within; you respond to nothing and you are unable to resolve anything. You remain enclosed within your innermost self, the way the Sisters of Visitation remain enclosed within their cells: everything changes, and nothing belongs to you, much less your heart than anything else. (24)

The greatest fruit of self-sufficiency is freedom. (25)

At the round earths imagin'd corners, blow/Your trumpets, Angells, and arise, arise/From death, you numberlesse infinities/Of soules, and to your scattred bodies goe...(26)

Self-contented as he is, then, he does need friends. (27)

Fishes play and dolphins leap in a calm sea. (28)

**Detachment**

**I (philosophical):** 1 Plato, 2 Epicurus, 3 Epicurus, 4 Marcus Aurelius, 5 Epictetus, 6 Marcus Aurelius, 7 Diogenes Laertius, 8 Seneca, 9 Epictetus, 10 Epictetus, 11 Marcus Aurelius, 12 Plutarch, 13 Epicurus, 14 Epicurus, 15 Seneca, 16 Aristotle, 17 Seneca, 18 Marcus Aurelius, 19 Epicurus, 20 Seneca, 21 Epicurus, 22 Seneca, 23 Plato, 24 Marcus Aurelius, 25 Heraclitus, 26 Cicero, 27 Heraclitus, 28 Plotinus, 29 Plato.

**II (christian):** 1 Meister Eckhart, 2 St. Simeon The New Theologian, 3 Jacob Boehme, 4 Augustine, 5 Jacob Boehme, 6 Pascal, 7 Augustine, 8 Luther, 9 Augustine, 10 Augustine, 11 Gracian, 12 Fenelon, 13 John Donne, 14 Hesychius of Batos.

**III (alternating):** 1 **I**.2, 2 **II**.1, 3 **I**.3, 4 **II**.2, 5 **I**.4, 6 **II**.3, 7 **I**.5, 8 **II**.4, 9 **I**.6, 10 **II**.5, 11 **I**.7, 12 **II**.6, 13 **I**.8, 14 **II**.7, 15 **I**.9, 16 **II**.8, 17 **I**.10, 18 **II**.9, 19 **I**.11, 20 **II**.10, 21 **I**.12, 22 **II**.11, 23 **I**.13, 24 **II**.12, 25 **I**.14, 26 **II**.13, 27 **I**.15, 28 **II**.14

Translation by
Barbara Monk-Feldman and Melissa Gould
Quotations researched by Michal Klega

## Hannes Böhringer
## Le détachement

### Hello!

Je tisse mon univers jusqu'à ce que quelqu'un m'en arrache, m'adresse la parole. En présence d'une autre personne, mes pensées perdent de leur assurance et de leur évidence. Que dire? La politesse aide à franchir la faille qui sépare les univers, les points de vue, les dispositions du moment. La politesse comprend un élément magique d'apaisement prévenant, écarte le soupçon qui voit dans l'Autre une volonté de Mal. Non, il me dit »bonjour«.
La salutation et la formule d'appel sont des médiations. Elles me laissent le temps de prendre congé de ce qui m'avait occupé jusqu'alors et de me tourner vers celui qui me salue. Le frappement à la porte, la sonnerie du téléphone annoncent que quelqu'un va bientôt m'adresser la parole. Qui sera-ce? En général le nom de l'expéditeur est écrit sur les enveloppes. Je peux prendre mon temps pour ouvrir la lettre.
La sonnerie et le fait d'être salué ne m'arrachent pas véritablement à mon univers. Les pensées et les tonalités affectives continuent de retentir. Je ne suis jamais totalement là. On devrait dire adieu à la peinture de ses humeurs sous toutes les couleurs et apprendre à se détacher de tout afin de vivre réellement, d'être vraiment là, afin de tout accueillir par un salut, de pouvoir tout commencer. Mais on n'y parvient pas. Je ne suis chez moi ni en étant absorbé dans mes pensées ni en leur étant arraché par la présence d'autrui. Je salue, en restant ainsi au seuil. Hello! D'où vient que je connais celui qui m'adresse la parole? Quel était déjà son nom? Nous tutoyons-nous ou nous voussoyons-nous? On dit que »hello«, comme »hola«, vient de l'appel au passeur: »hé, le passeur!«

## Le détachement
## I.

En entrant, nous trouvâmes Socrate qu'on venait de délier et Xanthippe, que tu connais, assise à côté de lui, avec leur jeune enfant dans les bras. Dès qu'elle nous aperçut, Xanthippe se mit à pousser des cris et à proférer des plaintes, comme les femmes ont coutume d'en faire. »Ah! Socrate, dit-elle, c'est aujourd'hui la dernière fois que tes amis te parleront et que tu leur parleras.« Alors Socrate, tournant les yeux vers Criton: »Criton, dit-il, qu'on l'emmène à la maison.« Et des gens de Criton l'emmenèrent poussant des cris et se frappant la poitrine. (1)

Il faut à la fois rire, vivre en philosophe, diriger sa propre maison, et encore nous servir de tout ce qui nous est propre, et ne jamais cesser de prononcer les formules issues de la droite philosophie. (2)

Car ce ne sont pas les banquets et les fêtes ininterrompus, ni les jouissances que l'on trouve avec des garçons et des femmes, pas plus que les poissons et toutes les autres nourritures que porte une table profuse, qui engendrent la vie de plaisir, mais le raisonnement sobre qui recherche les causes de tout choix et de tout refus, et repousse les opinions par lesquelles le plus grand tumulte se saisit des âmes. (3)

Souviens-toi que ta volonté raisonnable devient invincible, lorsque ramassée sur elle-même, elle se contente d'elle-même, ne faisant rien qu'elle ne veuille... Aussi la pensée libérée des passions est une forteresse; il n'y a rien de plus solide en l'homme; elle est un refuge où il est imprenable. (4)

Ce qui trouble les hommes, ce ne sont pas les choses, mais les jugements relatifs aux choses; ainsi la mort n'est rien d'effrayant, car Socrate lui aussi l'aurait dans ce cas trouvée telle; mais que l'on juge la mort effrayante, voilà bien l'effrayant. Lors donc que nous sommes contrariés, troublés ou affligés, n'en incriminons jamais autrui, mais nous-mêmes, c'est-à-dire nos propres jugements. C'est le fait d'un ignorant d'accuser les autres de ses propres échecs; celui qui a commencé de s'instruire s'en accuse soi-même; celui qui est instruit n'en accuse ni autrui ni soi-même. (5)

Les choses sont là hors de la porte, existant en soi, mais ne sachant rien et n'affirmant rien d'elles-mêmes. (6)

Il était sur mer; ses compagnons de voyage étaient affligés par la tempête; lui seul, bien tranquille, gardait son âme forte, et montrant dans le navire un petit cochon qui mangeait, il dit que le sage devait garder cette indifférence. (7)

Tu as eu beau franchir la vaste mer; »rivages et cités ont beau«, selon la formule de notre Virgile, »reculer sous ton regard«, tu seras, où que tu abordes, suivi de tes vices. A quelqu'un qui formulait la même plainte Socrate répliqua: »Pourquoi es-tu surpris de ne profiter en rien de tes longues courses? C'est toi que tu emportes partout.« ...Tu fuis avec toi. Il te faut déposer ce qui fait poids sur ton âme: aucun lieu jusque-là ne te donnera du plaisir... Mais aussi, quand tu seras délivré du mal, tout déplacement ne te sera plus qu'agréable. On aura beau te reléguer aux extrémités de la terre: quel que soit le recoin du monde barbare où l'on t'aura logé, tu trouveras à ta résidence, dans tous les cas, un air hospitalier... Dirigeons notre vie suivant cette conviction: »Ma naissance ne m'attache pas à un unique recoin. L'univers entier est ma patrie.« (8)

A quoi dois-je donc faire attention? – D'abord à ces principes universels que tu dois toujours avoir présents à l'esprit, sans lesquels tu ne dois ni dormir, ni te lever, ni boire, ni manger, ni converser avec les hommes: »Personne n'est maître de la volonté d'un autre; et dans la volonté seule sont le mal et le bien.« Personne donc n'est assez puissant ni pour me faire du bien ni pour me plonger dans le mal; moi seul, en cette matière, j'ai pouvoir sur moi-même. (9)

Mon fils est mort. Qu'est-il arrivé? Mon fils est mort. Rien de plus? Rien. Le vaisseau a péri en mer. Qu'est-il arrivé? Le vaisseau a péri. Il a été mené en prison. Qu'est-il arrivé? Il a été mené en prison. Chacun ajoute spontanément: »Il est malheureux«. (10)

A l'idée qu'on peut mourir tout de suite, il faut tout faire, tout dire et tout penser. (11)

Nous triomphons de nos passions par le jugement et l'exercice, mais le jugement vient le premier. Personne en effet ne peut s'habituer à fuir et à effacer de son âme ce qui ne lui cause pas d'aversion; or nous prenons nos passions en aversion, quand nous comprenons par la raison le tort et la honte qu'elles nous causent. Nous le voyons à présent à propos des bavards: voulant être aimés, ils se font haïr; désireux de rendre service, ils sont importuns; croyant être admirés, ils sont tournés en dérision; ils dépensent en pure perte, font du tort à leurs amis, aident leurs ennemis, se perdent eux-mêmes, de sorte que le premier remède pour traiter la passion, c'est la réflexion sur la honte et la souffrance qui en résultent. (12)

Mais l'ataraxie consiste à être affranchi de tous ces troubles et à garder continuellement en mémoire les éléments généraux et capitaux. (13)

Le fruit le plus important de la suffisance à soi est la liberté. (14)

En conséquence, s'il est absolument vrai que le sage se suffit à lui-même, il a néanmoins besoin d'amis. Il les souhaite aussi nombreux que possible. (15)

Au début, en effet, nous avons dit que le bonheur est une certaine activité; et l'activité est évidemment un devenir et non une chose qui existe une fois pour toutes comme quelque chose qu'on a en sa possession. Or, si le bonheur consiste dans la vie et dans l'activité, et si l'activité de l'homme de bien est vertueuse et agréable en elle-même, ainsi que nous l'avons dit en commençant; si, d'autre part, le fait qu'une chose est proprement nôtre est au nombre des attributs qui nous la rendent agréables; si enfin nous pouvons contempler ceux qui nous entourent mieux que nous-mêmes, et leurs actions mieux que les nôtres, et si les actions vertueuses qui sont leurs amis, sont agréables aux gens de bien (puisque ces actions possèdent ces deux attributs qui sont agréables par leur nature), dans ces conditions l'homme parfaitement heureux aura besoin d'amis de ce genre, puisque ses préférences sont propres, deux qualités que revêtent précisément les actions de l'homme de bien qui est son ami. (16)

Je n'aurais pas l'audace, moi, un malade, d'entreprendre des cures. Couché dans la même infirmerie, je cause avec toi du mal qui nous est commun et je te passe mes recettes. Ecoute-moi donc comme si je me parlais à moi-même; je t'ouvre ma vie secrète, et je t'appelle en tiers aux moments où je compte avec moi-même. (17)

Ils se cherchent des retraites, maisons de campagne, plage ou montagne; et toi aussi, tu prends l'habitude de désirer fortement des choses de ce genre. Voilà qui est absolument vulgaire, puisqu'il t'est loisible de faire retraite en toi-même à l'heure que tu voudras. Il n'est pas pour l'homme de retraite plus tranquille ni plus débarrassée d'affaires que dans sa propre âme, et surtout quand on possède en soi-même tout ce qu'il faut pour arriver, à condition d'y porter son attention, à cette aisance facile... aie des formules brèves, élémentaires qui, dès qu'elles se présentent, suffiront à écarter tout chagrin et à te renvoyer sans irritation aux affaires quand tu y reviens. (18)

C'est un mal que la nécessité, mais il n'y a aucune nécessité de vivre avec la nécessité. (19)

Me citeras-tu un homme qui attribue une valeur réelle au temps, qui pèse le prix d'une journée, qui comprenne qu'il meurt un peu chaque jour? Telle est, en effet, l'erreur: nous ne voyons la mort que devant nous. (20)

C'est à l'heureux et dernier jour de ma vie que je t'écris cette lettre. Mes intestins et ma vessie me causent une souffrance inexprimable. Mais pour compenser toutes ces douleurs, je puise une grande joie dans le souvenir qui restera de mes ouvrages et de mes discours. Je vous demande, au nom de votre sympathie pour moi et pour ma philosophie, sympathie que vous m'avez témoignée dès votre jeunesse, de prendre soin des enfants de Métrodore. (21)

Tu demandes ce qu'à mon avis il faut tout d'abord éviter? La foule. Tu n'es pas encore en mesure de t'y risquer sans péril. Pour moi, du moins, j'avouerai ma faiblesse. Jamais je ne regagne mon logis avec le même caractère qu'au départ... Je m'en reviens plus cupide, plus ambitieux, plus voluptueux, que dis-je? plus cruel, moins humain, pour être allé parmi les hommes. (22)

Et ne vous fâchez pas contre moi si je vous dis la vérité: il n'est personne qui puisse sauver sa vie, s'il s'oppose bravement à vous ou à toute autre assemblée populaire, et s'il veut empêcher qu'il ne se commette beaucoup d'injustices et d'illégalités dans l'Etat. Il faut absolument, quand on veut combattre réellement la justice et si l'on veut vivre quelque temps, se confiner dans la vie privée et ne pas aborder la vie publique. (23)

Il faut croître avec le tronc, et non seulement s'unir par les pensées. (24)

De tous ceux dont j'ai entendu les paroles aucun n'arrive au point de reconnaître que le sage est séparé de tout. (25)

Qu'est-ce donc, demandai-je, quelle est cette musique si puissante et si douce, qui remplit mes oreilles? ...C'est parce qu'elles étaient continuellement remplies de ce bruit que les oreilles humaines y sont devenues sourdes; aucun de vos sens n'est plus émoussé que celui-là; ainsi, à l'endroit nommé »les Catadupa«, où le Nil se précipite du haut des montagnes très élevées, le peuple qui habite aux environs est privé du sens de l'ouïe, à cause de l'intensité du bruit. Quant à celui dont nous parlons et qui est produit par la rotation extrêmement rapide de l'univers, il dépasse les possibilités de perception des oreilles humaines; c'est par une même raison que vous ne pouvez regarder le soleil en face et que ses rayons triomphent de vos regards et vous aveuglent. (26)

Pour Dieu toutes choses sont belles, bonnes et justes. Mais les hommes ont forgé l'idée que certaines sont injustes et d'autres justes. (27)

Comme il n'y a plus là deux choses, comme le sujet qui voit ne fait qu'un avec l'objet qui est vu (ou uni à lui plutôt que vu), si l'on se souvient après coup de cette union avec lui, on aura en soi-même une image de cet état. L'être qui contemplait était alors lui-même un; il n'avait en lui aucune différence avec lui-même ni sous aucun autre rapport; aucune émotion en lui; dans son ascension, il n'avait ni colère ni désir; plus de raison, plus de pensée en lui-même; et, puisqu'il faut le dire, lui-même il n'est plus: arraché à lui-même et ravi par l'enthousiasme, il se trouve en un état calme et paisible; ne se détachant plus de l'être de l'Un, il ne tourne plus autour de lui-même; mais il reste tout à fait immobile; il est devenu l'immobilité elle-même; les belles choses n'attirent pas ses regards; car il regarde au-dessus de la Beauté elle-même: il a dépassé le choeur même des vertus, comme l'homme entré à l'intérieur d'un sanctuaire a laissé derrière lui les statues placées dans la chapelle. (28)

Quant à Socrate, il se mit sur son séant dans son lit, puis, repliant sa jambe, il se la frotta avec sa main et, tout en frottant, nous dit: Quelle chose étrange, mes amis, paraît être ce qu'on appelle le plaisir! et quel singulier rapport il a naturellement avec ce qui passe pour être son contraire, la douleur! Ils refusent de se rencontrer ensemble chez l'homme; mais qu'on poursuive l'un et qu'on l'attrape, on est presque toujours contraint d'attraper l'autre aussi, comme si, en dépit de leur dualité, ils étaient attachés à une seule tête. Je crois, poursuivit-il, que si Esope avait remarqué cela, il en aurait composé une fable, où il aurait dit que Dieu, voulant réconcilier ces deux ennemis et n'y pouvant réussir, leur attacha la tête au même point, et que c'est la raison pour laquelle, là où l'un se présente, l'autre y vient à sa suite. C'est, je crois, ce qui m'arrive à moi aussi, puisqu'après la douleur que la chaîne me causait à la jambe, je sens venir le plaisir qui la suit... Souvent dans ma vie passée, j'ai eu la visite du même songe; il apparaissait tantôt sous une forme, tantôt sous une autre, mais il me disait toujours la même chose: Socrate, fais œuvre de poète et cultive la musique. Et moi, jusqu'ici, je croyais que c'était précisément ce que je faisais qu'il encourageait et m'excitait à pratiquer, et que, comme on encourage les coureurs, le songe m'excitait, moi aussi, à poursuivre mon occupation, à pratiquer la musique; car, pour moi, la philosophie est la musique la plus haute, et c'est à elle que je m'appliquais. (29)

## II.

L'esprit libre peut tout. (1)

Une seule chose nous est demandée: que notre cœur soit purifié par la vigilance et l'attention. (2)

La sérénité se met à terre, se roule dans la poussière, pour faire des sottises. Elle dit: Je veux faire des sottises et ne rien comprendre afin que mon entendement ne s'élève pas. (3)

Que je ne sois pas à moi – même ma propre vie! J'ai mal vécu par ma faute, j'ai été la cause de ma mort. Et vous je revis! Adressez-vous à moi, parlez-moi. Je crois en vos livres et leurs paroles ont de profonds mystères. (4)

Car dès que l'âme goûte à l'ipséité de la lumière de la raison, elle déambule au sein de sa propre illusion... Elle marche alors dans l'erreur jusqu'à ce qu'elle s'abandonne de nouveau complètement à la sérénité, se considérant de nouveau comme un enfant sali... (5)

Quand je m'y suis mis quelquefois, à considérer les diverses agitations des hommes, et les périls et les peines où ils s'exposent, dans la cour, dans la guerre, d'où naissent tant de querelles, de passions, d'entreprises hardies et souvent mauvaises, etc., j'ai découvert que tout le malheur des hommes vient d'une seule chose qui est de ne savoir pas demeurer en repos, dans une chambre. Un homme qui a assez de bien pour vivre, s'il savait demeurer chez soi avec plaisir, n'en sortirait pas pour aller sur la mer ou au siège d'une place... Mais quand j'ai pensé de plus près, et après avoir trouvé la cause de tous nos malheurs, j'ai voulu en découvrir la raison, j'ai trouvé qu'il y en a une bien effective, qui consiste dans le malheur naturel de notre condition faible et mortelle, et si misérable, que rien ne peut nous consoler, lorsque nous y pensons de près... De là vient que le jeu et la conversation des femmes, la guerre, les grands emplois sont si recherchés. Ce n'est pas qu'il y ait en effet du bonheur. (6)

L'homme veut ne plus ressentir les atteintes de la concupiscence, et il ne fait pas ce qu'il veut. Pourquoi? (7)

Les commandements nous enseignent et nous prescrivent toutes sortes de bonnes œuvres, mais ce n'est pas pour autant que celles-ci se produisent. Ils montrent certes la voie, mais ne sont d'aucune aide, ils enseignent ce qu'on doit faire, mais ne donnent pour cela aucune force. Ils ne sont par conséquent établis que pour une chose: pour que l'homme voie en eux son impuissance à faire le bien et qu'il apprenne à désespérer de lui-même. (8)

L'âme donne des ordres au corps, et elle est obéie sur-le-champ. L'âme se donne à elle-même des ordres, et elle se heurte à des résistances. L'âme donne l'ordre à la main de se mouvoir, et c'est une opération si facile qu'à peine distingue-t-on l'ordre de son exécution. Et cependant l'âme est âme et la main est le corps. L'âme donne à l'âme l'ordre de vouloir; l'une ne se distingue point de l'autre, et pourtant elle n'agit pas. (9)

Je ne veux pas être où je puis et je ne puis être où je veux: misère de part et d'autre. (10)

En sorte qu'à y bien regarder, tout se joue de l'homme misérable: le Monde le trompe, la Vie lui ment, la Fortune le roule, la Santé lui manque, L'Âge passe, le Bien s'éloigne, le Mal presse, les Années s'enfuient, les Joies n'arrivent pas, le Temps vole, la Vie s'achève, la Mort arrive, la Tombe le couvre, la Pourriture le défait, l'Oubli l'anéantit: et celui qui, hier, était homme, est aujourd'hui poussière et demain, néant. (11)

Tout vous surmonte; vous ne savez ce que vous voulez. Vous avez des amitiés et des peines, comme un enfant, dont vous ne sauriez dire de raison, et qui s'évanouissent comme un songe dans le moment que vous en parlez. Ce que vous dites de votre disposition vous paraît toujours un mensonge, parce qu'il cesse d'être vrai dès que vous commencez à le dire. Rien ne subsiste en vous; vous ne pouvez répondre de rien, ni vous promettre rien, ni même vous dépeindre. Vous êtes sur les sentiments intérieurs, comme les filles de la Visitation sur leurs cellules et sur leurs meubles: tout change, rien n'est à vous, et votre cœur moins que tout le reste. On ne saurait croire combien cette inconstance puérile apetisse et détruit une âme sage, ferme et hautaine dans sa vertu. Parler alors de bon naturel, de tendresse, de générosité, de constance, de reconnaissance pour ses amis, à une âme malade et agonisante, c'est parler de danse et de musique à un moribond. Le cœur est comme un arbre desséché jusqu'à la racine. (12)

Aux coins imaginaires de cette terre ronde, sonnez de la trompette, Anges, et de la mort surgissez, surgissez, multitude sans nombre d'âmes, et rejoignez vos corps éparpillés, victimes du déluge ou de l'ultime feu...et vous que tant de maux, guerres, famines, fièvres, tyrannie, désespoir, lois, hasard, ont occis... Ne va t'enorgueillir, ô Mort, que l'on t'ait dite puissante et redoutable: tu ne l'es nullement. Car ils ne meurent point ceux que tu crois abattre, pauvre Mort, et tu ne peux non plus me tuer...ô Mort, tu dois mourir! (13)

Les poissons bondissent et les dauphins sautent quand la mer est calme. (14)

## III.

Il faut à la fois rire, vivre en philosophe. (1)

L'esprit libre peut tout. (2)

Car ce ne sont pas les banquets et les fêtes ininterrompus, ni les jouissances que l'on trouve avec des garçons et des femmes, pas plus que les poissons et toutes les autres nourritures que porte une table profuse, qui engendrent la vie de plaisir, mais le raisonnement sobre. (3)

Une seule chose nous est demandée: que notre cœur soit purifié par la vigilance et l'attention. (4)

Souviens-toi que ta volonté raisonnable devient invincible, lorsque ramassée sur elle-même, elle se contente d'elle-même, ne faisant rien qu'elle ne veuille. (5)

La sérénité se met à terre, se roule dans la poussière, pour faire des sottises. Elle dit: Je veux faire des sottises et ne rien comprendre. (6)

Ce qui trouble les hommes, ce ne sont pas les choses, mais les jugements relatifs aux choses; ainsi la mort n'est rien d'effrayant, car Socrate lui aussi l'aurait dans ce cas trouvée telle; mais que l'on juge la mort effrayante, voilà bien l'effrayant. (7)

J'ai été la cause de ma mort. En vous je revis! Adressez-vous à moi, parlez- moi. (8)

Les choses sont là hors de la porte, existant en soi. (9)

Car dès que l'âme goûte à l'ipséité de la lumière de la raison, elle déambule au sein de sa propre illusion...jusqu'à ce qu'elle s'abandonne de nouveau complètement à la sérénité, se considérant de nouveau comme un enfant sali... (10)

Il était sur mer; ses compagnons de voyage étaient affligés par la tempête; lui seul, bien tranquille, gardait son âme forte, et montrant dans le navire un petit cochon qui mangeait. (11)

Un homme qui a assez de bien pour vivre, s'il savait demeurer chez soi avec plaisir, n'en sortirait pas pour aller sur la mer ou au siège d'une place. (12)

Tu as eu beau franchir la vaste mer; »rivages et cités ont beau«, selon la formule de notre Virgile, »reculer sous ton regard«, tu seras, où que tu abordes, suivi de tes vices. (13)

L'homme veut, et il ne fait pas ce qu'il veut. Pourquoi? (14)

A quoi dois-je donc faire attention? »Personne n'est maître de la volonté d'un autre; et dans la volonté seule sont le mal et le bien.« (15)

Les commandements nous enseignent et nous prescrivent toutes sortes de bonnes œuvres, mais ce n'est pas pour autant que celles-ci se produisent. Ils montrent certes la voie, mais ne sont d'aucune aide, ils enseignent ce qu'on doit faire, mais ne donnent pour cela aucune force. (16)

Mon fils est mort. Qu'est-il arrivé? Mon fils est mort. Rien de plus? Rien. Le vaisseau a péri en mer. Qu'est-il arrivé? (17)

L'âme donne des ordres au corps, et elle est obéie sur-le-champ. L'âme se donne à elle-même des ordres, et elle se heurte à des résistances. Et pourtant elle n'agit pas. (18)

A l'idée qu'on peut mourir tout de suite, il faut tout faire, tout dire et tout penser. (19)

Je ne veux pas être où je puis et je ne puis être où je veux: misère de part et d'autre. (20)

Nous triomphons de nos passions par le jugement et l'exercice, mais le jugement vient le premier. Personne en effet ne peut s'habituer à fuir et à effacer de son âme ce qui ne lui cause pas d'aversion. (21)

Le Monde le trompe, la Vie lui ment, la Fortune le roule, la Santé lui manque, L'Âge passe, le Bien s'éloigne, le Mal presse, les Années s'enfuient, les Joies n'arrivent pas, le Temps vole, la Vie s'achève, la Mort arrive, la Tombe le couvre, la Pourriture le défait, I'Oubli l'anéantit: et celui qui, hier, était homme, est...demain, néant. (22)

Mais l'ataraxie consiste à être affranchi de tous ces troubles et à garder continuellement en mémoire les éléments généraux et capitaux. (23)

Rien ne subsiste en vous; vous ne pouvez répondre de rien, ni vous promettre rien, ni même vous dépeindre. Vous êtes sur les sentiments intérieurs, comme les filles de la Visitation sur leurs cellules et sur leurs meubles: tout change, rien n'est à vous, et votre cœur moins que tout le reste. (24)

Le fruit le plus important de la suffisance à soi est la liberté. (25)

Aux coins imaginaires de cette terre ronde, sonnez de la trompette, Anges, et de la mort surgissez, surgissez, multitude sans nombre d'âmes, et rejoignez vos corps éparpillés. (26)

Le sage se suffit à lui-même, il a néanmoins besoin d'amis. (27)

Les poissons bondissent et les dauphins sautent quand la mer est calme. (28)

**Le détachement**

**I (philosophique):** 1 Platon, 2 Epicure, 3 Epicure,
4 Marc-Aurèle, 5 Epictète, 6 Marc-Aurèle,
7 Diogène Laërce, 8 Sénèque, 9 Epictète, 10 Epictète,
11 Marc-Aurèle, 12 Plutarque, 13 Epicure, 14 Epicure,
15 Sénèque, 16 Aristote, 17 Sénèque, 18 Marc-Aurèle,
19 Epicure, 20 Sénèque, 21 Epicure, 22 Sénèque,
23 Platon, 24 Marc-Aurèle, 25 Héraclite, 26 Cicero,
27 Héraclite, 28 Plotin, 29 Plato.

**II (chrétien):** 1 Maître Eckhart,
2 Syméon le Nouveau théologien, 3 Jacob Boehme,
4 Saint Augustin, 5 Jacob Boehme, 6 Pascal,
7 Saint Augustin, 8 Luther, 9 Saint Augustin,
10 Saint Augustin, 11 Graciàn, 12 Fénelon,
13 John Donne, 14 Hésychius de Batos.

**III (croisés):** 1 **I**.2, 2 **II**.1, 3 **I**.3,
4 **II**.2, 5 **I**.4, 6 **II**.3, 7 **I**.5, 8 **II**.4, 9 **I**.6, 10 **II**.5, 11 **I**.7,
12 **II**.6, 13 **I**.8, 14 **II**.7, 15 **I**.9, 16 **II**.8, 17 **I**.10, 18 **II**.9,
19 **I**.11, 20 **II**.10, 21 **I**.12, 22 **II**.11, 23 **I**.13, 24 **II**.12,
25 **I**.14, 26 **II**.13, 27 **I**.15, 28 **II**.14

Traduction et recherche de citations:
Mira Köller et Dominique Séglard.

29. Juli 1987

**29. Juli 1987**

29. Juli 1987

30. Juli 1987

korsisches Aquarell

31. Juli 1987

korsisches Aquarell

1. August 1987

Korsisches Aquarell

1. August 1987

korsisches Aquarell

## 2. August 1987

## 7. August 1987

aquarell corse

**8. August 1987**

korsisches Aquarell

8. August 1987

**8. August 1987**

historisches Aquarell

10. August 1987

10. August 1987

Korsisches
Aquarell

11. August 1987

Aquarell

**11. August 1987**

“33”

**12. August 1987**

Korsisches Aquarell

12. August 1987

Aquarell

**13. August 1987**

Komisches Aquarell

**14. August 1987**

Korsisches Aquarell

Korsisches Aquarell

14. August 1987

## 15. August 1987

Korsisches Aquarell

15. August 1987

Korsisches Aquarell

**17. August 1987**

Aquarell

**17. August 1987**

Aquarell

**17. August 1987**

Korsisches Aquarell

17. August 1987

Korsisches
Aquarell

# 18. August 1987

19. August 1987

Harzisches Aquarell

# 19. August 1987

Klassisches Aquarell

19. August 1987

C Mardi 18 août 1987 — Sainte Hélène

JOURNAL DES PATRIOTES SOCIALISTES ET REPUBLICAINS — N° 15 365

le Provençal

LA CORSE

248, av. Roger-Salengro - B.P. 100 - 13316 Marseille Cedex 15 - Tél. 91.84.45.45 — 3F60 (T.T.C.)

Rudolph Hess avait 93 ans

19. August 1987

korsisches
aquarell

20. August 1987

20. August 1987

**21. August 1987**

Korsisches Aquarell

23. August 1987

Korsisches Aquarell

# 24. August 1987

Korsisches
Aquarell.

## 26. August 1987

Korsisches Aquarell

**27. August 1987**

27. August 1987

## 2. September 1987

Korsisches Aquarell

## 3. September 1987

Korsisches Aquarell

## 4. September 1987

Korsisches Aquarell

## 4. September 1987

Kronenbourg
33 CL BRASSERIES KRONENBOURG SA. 67200

4. September 1987

Letztes
Korsisches
Aquarell
(doppelseitig)

## 5. September 1987

Wir wohnen hier
Aquarelle

Korsisches Aquarell

Korsisches Aquarell

Korsisches Aquarell

Korsisches Aquarell

Korsisches Aquarell

## Empfänger/Leihgeber
## Addressees/Lenders
## Destinataires/Prêteurs

Jean-Christophe Ammann, Judith Ammann
Heinz Baumüller
Rainer Borgemeister
Hans Brändli, Pia Fries
Rüdiger Carl, Bärbel Gräßlin
Edeltraut Cebulla-Jünger, Bernd Jünger
Claude Cognet, Virginie Laurent
Alain Cueff
Catherine David
Helmut Dorner
Ursula Eisenbach, Klaus Simon
Korinna Dewald, Roland Henß-Dewald
Dorothée Fischer
Konrad Fischer
Anna Gräßlin
Thomas Gräßlin
Asta Gröting
Nanette Hagstotz, Meuser
Monika Hallei-Hentschel, Martin Hentschel
Asta Halt
Wolfgang Hambrecht
Manuela Heinz
Teresa Hennel-Jablonka, Rafael Jablonka
Max Hetzler, Sibylle Ungers
Ela Holscher, Hermann Holscher
Max Imdahl
Patrick Javault
Axel Kassebõhmer
Florian Kleinefenn
Harald Klingelhöller
Edda Köchl, Kasper König
Erinna König, Klaus Renzel
Anette Kraft
Josy Kraft
Monika Kraft
Gerda Kraft, Werner Kraft
Martin Kreyßig
Johannes Lenhart
Ulrich Loock
Dennis Mausberg
Ingrid Mausberg, Thomas Mausberg
Simon Mausberg
Jürgen Meyer
Hans Mucha, Liesel Mucha
Philip Nelson
Maja Oeri
Stefan Ormanns
Kirsten Potthoff
Klaus Rinke
François Robelin, Ninon Robelin
Lia Rumma, Janice Guy
Elisabeth Schacht
Marion Thieme
Sophia Ungers
Denys Zacharopoulos

## Reinhard Mucha

1950 geboren in Düsseldorf, lebt dort

1977 **„... sondern stattdessen einen Dreck wie mich."**
Verwaltungs- und Wirtschaftsakademie,
Studiengebäude, Düsseldorf

1980 **Kopfdiktate**
Galerie Annelie Brusten, Wuppertal

1981 **Erwachet!**
Karl-Anton-Straße 16, Düsseldorf
(mit Jürgen Drescher)

1982 **Wartesaal**
Max-Ulrich Hetzler GmbH, Stuttgart (Faltblatt)
Galerie Schellmann & Klüser, München
(mit Jürgen Drescher)

1983 **Feuer und Leben**
Kabinett für aktuelle Kunst, Bremerhaven

**Alleingang**
Galerie Max Hetzler, Köln

1985 **Clair-Obscur**
Galerie Philip Nelson, Lyon

**Hagen – Vorhalle**
Galerie Bärbel Grässlin, Frankfurt am Main

**First go Gerresheim – Glashütte**
Galerie Max Hetzler, Köln

**Das Figur-Grund Problem in der Architektur des Barock (für dich allein bleibt nur das Grab)**
Württembergischer Kunstverein, Stuttgart
(Katalog)

1986 **Wasserstandsmeldung**
Konrad Fischer, Düsseldorf

**Berichterstattung der zweiten Hälfte**
Galerie Max Hetzler, Köln

**Gladbeck**
Centre Georges Pompidou, Paris (Katalog)

1987 **Nordausgang; Kasse beim Fahrer**
Kunsthalle Basel, Basel und Kunsthalle Bern, Bern
(Broschüre)

1989 **Mutterseelenallein**
Lia Rumma, Neapel

1990 **Kopfdiktate**
Museum Haus Esters, Krefeld

**Das Deutschlandgerät**
La Biennale di Venezia, Venedig
(Deutscher Pavillon mit Bernd und Hilla Becher)
(Broschüre)

1993 Galerie Nelson, Paris
(mit Dorothea Breick)

**Collected – Recollected**
Luhring Augustine, New York

**Weight on Drivers**
Anthony d'Offay Gallery, London

1996 Institut für Auslandsbeziehungen
ifa-Galerie Friedrichstraße, Berlin

## Gruppenausstellungen

1978 **Wppt**
Kunst- und Museumsverein, Wuppertal (Katalog)

1979 **Europa '79**
Kunstausstellung Gutenbergstraße 62a e.V., Stuttgart
(Kunstforum Bd. 36 als Katalog)

1980 **L'environnement/la sculpture: Lieu autonome ou intégration à un lieu**
Université du Québec à Chicoutimi, Chicoutimi

1981 **Annemarie- und Will-Grohmann-Stipendium 1981**
Staatliche Kunsthalle Baden-Baden, Baden-Baden
(Katalog)

1982 **Kunst wird Material**
Nationalgalerie, Berlin (Katalog)

1983 **C 83 Nr. 29**
Konrad Fischer, Düsseldorf (Katalog)

**Konstruierte Orte**
Kunsthalle Bern, Bern (Katalog)

1984 **c/o Haus Esters**
Museum Haus Esters, Krefeld (Katalog)

**von hier aus**
Messegelände Halle 13, Düsseldorf
(Katalog)

1985 **The European Iceberg**
Art Gallery of Ontario, Toronto
(Katalog)

1986 **De Sculptura**
Wiener Festwochen, Messepalast, Wien
(Katalog)

**Origins, Originality + Beyond**
The Sixth Biennale of Sydney
Art Gallery of New South Wales, Sydney
(Katalog)

1987 **Raumbilder**
Centro de Arte Reina Sofía, Madrid
(Katalog)

**Implosion**
Moderna Museet, Stockholm
(Katalog)

1988 **Zeitlos**
Hamburger Bahnhof, Berlin
(Katalog)

1989 **Bilderstreit**
Museum Ludwig, Köln
(Katalog)

**Einleuchten**
Deichtorhallen, Hamburg
(Katalog)

1990 **Culture and Commentary: An Eighties Perspective**
Hirshhorn Museum, Washington D.C.
(Katalog)

1991 **Metropolis**
Martin-Gropius-Bau, Berlin (Katalog)

**Carnegie International 1991**
The Carnegie Museum of Art, Pittsburgh
(Katalog)

1992 **Allegories of Modernism. Contemporary Drawing**
Museum of Modern Art, New York
(Katalog)

**documenta IX**
Museum Fridericianum, Kassel
(Katalog)

1992–94
**Photography in Contemporary German Art: 1960 to the Present**
Walker Art Center, Minneapolis
Dallas Museum of Art und Modern Art Museum of Fort Worth, Dallas und Fort Worth
The Saint Louis Art Museum, Saint Louis
Guggenheim Museum Soho, New York
The Lannan Foundation, Los Angeles (Katalog)
**Photographie in der deutschen Gegenwartskunst**
Museum Ludwig, Köln (Katalog und Textband)
Museum für Gegenwartskunst, Basel (Katalog)
**Bild. Fotografi i tysk samtidskunst**
Louisiana Museum of Modern Art, Kopenhagen
(Museumszeitschrift als Katalog)

1993 **Tutte le strade portano a Roma?**
Palazzo delle Esposizioni, Rom (Katalog)

**Kontext Kunst**
Neue Galerie am Landesmuseum Joanneum, Graz (Katalog)

1994 **The Epic & The Everyday**
Hayward Gallery, London
(Katalog)

1995 **Entr'Acte 3**
New Acquisitions for the Collection 1994/95
Stedelijk Van Abbemuseum, Eindhoven

1996 **Die Unersetzbarkeit des Bildes**
Eine Ausstellung in Erinnerung an Max Imdahl
Westfälischer Kunstverein, Münster
(Katalog)

1997 **documenta X**
Museum Fridericianum, Kassel
(Katalog)

**Reinhard Mucha**

1950 born in Düsseldorf, where he lives

1977 **„... sondern stattdessen einen Dreck wie mich."**
Verwaltungs- und Wirtschaftsakademie,
Studiengebäude, Düsseldorf

1980 **Kopfdiktate**
Galerie Annelie Brusten, Wuppertal

1981 **Erwachet!**
Karl-Anton-Straße 16, Düsseldorf
(with Jürgen Drescher)

1982 **Wartesaal**
Max-Ulrich Hetzler GmbH, Stuttgart (leaflet)
Galerie Schellmann & Klüser, Munich
(with Jürgen Drescher)

1983 **Feuer und Leben**
Kabinett für aktuelle Kunst, Bremerhaven

**Alleingang**
Galerie Max Hetzler, Cologne

1985 **Clair-Obscur**
Galerie Philip Nelson, Lyon

**Hagen – Vorhalle**
Galerie Bärbel Grässlin, Frankfurt am Main

**First go Gerresheim – Glashütte**
Galerie Max Hetzler, Cologne

**Das Figur-Grund Problem in der Architektur des Barock (für dich allein bleibt nur das Grab)**
Württembergischer Kunstverein, Stuttgart
(catalogue)

1986 **Wasserstandsmeldung**
Konrad Fischer, Düsseldorf

**Berichterstattung der zweiten Hälfte**
Galerie Max Hetzler, Cologne

**Gladbeck**
Centre Georges Pompidou, Paris (catalogue)

1987 **Nordausgang; Kasse beim Fahrer**
Kunsthalle Basel, Basel and Kunsthalle Bern,
Bern (brochure)

1989 **Mutterseelenallein**
Lia Rumma, Naples

1990 **Kopfdiktate**
Museum Haus Esters, Krefeld

**Das Deutschlandgerät**
La Biennale di Venezia, Venice
(German Pavilion with Bernd and Hilla Becher)
(brochure)

1993 Galerie Nelson, Paris
(with Dorothea Breick)

**Collected – Recollected**
Luhring Augustine, New York

**Weight on Drivers**
Anthony d'Offay Gallery, London

1996 Institut für Auslandsbeziehungen
ifa-Galerie Friedrichstrasse, Berlin

## Group Exhibitions

1978 **Wppt**
Kunst- und Museumsverein, Wuppertal
(catalogue)

1979 **Europa '79**
Kunstausstellung Gutenbergstrasse 62a e.V., Stuttgart
(Kunstforum No. 36 as catalogue)

1980 **L'environnement/la sculpture: Lieu autonome ou intégration à un lieu**
Université du Québec à Chicoutimi, Chicoutimi

1981 **Annemarie- und Will-Grohmann-Stipendium 1981**
Staatliche Kunsthalle Baden-Baden, Baden-Baden
(catalogue)

1982 **Kunst wird Material**
Nationalgalerie, Berlin (catalogue)

1983 **C 83 Nr. 29**
Konrad Fischer, Düsseldorf (catalogue)

**Konstruierte Orte**
Kunsthalle Bern, Bern (catalogue)

1984 **c/o Haus Esters**
Museum Haus Esters, Krefeld (catalogue)

**von hier aus**
Messegelände Halle 13, Düsseldorf (catalogue)

1985 **The European Iceberg**
Art Gallery of Ontario, Toronto
(catalogue)

1986 **De Sculptura**
Wiener Festwochen, Messepalast, Vienna
(catalogue)

**Origins, Originality + Beyond**
The Sixth Biennale of Sydney
Art Gallery of New South Wales, Sydney
(catalogue)

1987 **Raumbilder**
Centro de Arte Reina Sofía, Madrid
(catalogue)

**Implosion**
Moderna Museet, Stockholm
(catalogue)

1988 **Zeitlos**
Hamburger Bahnhof, Berlin
(catalogue)

1989 **Bilderstreit**
Museum Ludwig, Cologne
(catalogue)

**Einleuchten**
Deichtorhallen, Hamburg
(catalogue)

1990 **Culture and Commentary: An Eighties Perspective**
Hirshhorn Museum, Washington D.C.
(catalogue)

1991 **Metropolis**
Martin-Gropius-Bau, Berlin
(catalogue)

**Carnegie International 1991**
The Carnegie Museum of Art, Pittsburgh
(catalogue)

1992 **Allegories of Modernism. Contemporary Drawing**
Museum of Modern Art, New York
(catalogue)

**documenta IX**
Museum Fridericianum, Kassel
(catalogue)

1992–94
**Photography in Contemporary German Art: 1960 to the Present**
Walker Art Center, Minneapolis
Dallas Museum of Art and Modern Art Museum of Fort Worth, Dallas and Fort Worth
The Saint Louis Art Museum, Saint Louis
Guggenheim Museum Soho, New York
The Lannan Foundation, Los Angeles (catalogue)
**Photographie in der deutschen Gegenwartskunst**
Museum Ludwig, Köln (catalogue and catalogue of texts)
Museum für Gegenwartskunst, Basel (catalogue)
**Bild. Fotografi i tysk samtidskunst**
Louisiana Museum of Modern Art, Copenhagen
(museum magazine as catalogue)

1993 **Tutte le strade portano a Roma?**
Palazzo delle Esposizioni, Rome (catalogue)

**Kontext Kunst**
Neue Galerie am Landesmuseum Joanneum, Graz (catalogue)

1994 **The Epic & The Everyday**
Hayward Gallery, London
(catalogue)

1995 **Entr'Acte 3**
New Acquisitions for the Collection 1994/95
Stedelijk Van Abbemuseum, Eindhoven

1996 **Die Unersetzbarkeit des Bildes**
Eine Ausstellung in Erinnerung an Max Imdahl
Westfälischer Kunstverein, Münster
(catalogue)

1997 **documenta X**
Museum Fridericianum, Kassel
(catalogue)

## Reinhard Mucha

1950 né à Düsseldorf où il vit

1977 **„...sondern stattdessen einen Dreck wie mich."**
Verwaltungs- und Wirtschaftsakademie,
Studiengebäude, Düsseldorf

1980 **Kopfdiktate**
Galerie Annelie Brusten, Wuppertal

1981 **Erwachet!**
Karl-Anton-Strasse 16, Düsseldorf
(avec Jürgen Drescher)

1982 **Wartesaal**
Max-Ulrich Hetzler GmbH, Stuttgart (dépliant)
Galerie Schellmann & Klüser, Munich
(avec Jürgen Drescher)

1983 **Feuer und Leben**
Kabinett für aktuelle Kunst, Bremerhaven

**Alleingang**
Galerie Max Hetzler, Cologne

1985 **Clair-Obscur**
Galerie Philip Nelson, Lyon

**Hagen – Vorhalle**
Galerie Bärbel Grässlin, Francfort-sur-le-Main

**First go Gerresheim – Glashütte**
Galerie Max Hetzler, Cologne

**Das Figur-Grund Problem in der Architektur des Barock (für dich allein bleibt nur das Grab)**
Württembergischer Kunstverein, Stuttgart
(catalogue)

1986 **Wasserstandsmeldung**
Konrad Fischer, Düsseldorf

**Berichterstattung der zweiten Hälfte**
Galerie Max Hetzler, Cologne

**Gladbeck**
Centre Georges Pompidou, Paris (catalogue)

1987 **Nordausgang; Kasse beim Fahrer**
Kunsthalle Basel, Bâle et Kunsthalle Bern, Berne
(brochure)

1989 **Mutterseelenallein**
Lia Rumma, Naples

1990 **Kopfdiktate**
Museum Haus Esters, Krefeld

**Das Deutschlandgerät**
La Biennale di Venezia, Venise
(pavillon allemand avec Bernd et Hilla Becher)
(brochure)

1993 Galerie Nelson, Paris
(avec Dorothea Breick)

**Collected – Recollected**
Luhring Augustine, New York

**Weight on Drivers**
Anthony d'Offay Gallery, Londres

1996 Institut für Auslandsbeziehungen
ifa-Galerie Friedrichstrasse, Berlin

## Expositions collectives

1978 **Wppt**
Kunst- und Museumsverein, Wuppertal
(catalogue)

1979 **Europa '79**
Kunstausstellung Gutenbergstrasse 62a e.V.,
Stuttgart, (Kunstforum Vol. 36 comme catalogue)

1980 **L'environnement/la sculpture: Lieu autonome ou intégration à un lieu**
Université du Québec à Chicoutimi, Chicoutimi

1981 **Annemarie- und Will-Grohmann-Stipendium 1981**
Staatliche Kunsthalle Baden-Baden, Baden-Baden
(catalogue)

1982 **Kunst wird Material**
Nationalgalerie, Berlin (catalogue)

1983 **C 83 Nr. 29**
Konrad Fischer, Düsseldorf (catalogue)

**Konstruierte Orte**
Kunsthalle Bern, Berne (catalogue)

1984 **c/o Haus Esters**
Museum Haus Esters, Krefeld (catalogue)

**von hier aus**
Messegelände Halle 13, Düsseldorf
(catalogue)

1985 **The European Iceberg**
Art Gallery of Ontario, Toronto
(catalogue)

1986 **De Sculptura**
Wiener Festwochen, Messepalast, Vienne
(catalogue)

**Origins, Originality + Beyond**
The Sixth Biennale of Sydney
Art Gallery of New South Wales, Sydney
(catalogue)

1987 **Raumbilder**
Centro de Arte Reina Sofía, Madrid
(catalogue)

**Implosion**
Moderna Museet, Stockholm
(catalogue)

1988 **Zeitlos**
Hamburger Bahnhof, Berlin
(catalogue)

1989 **Bilderstreit**
Museum Ludwig, Cologne
(catalogue)

**Einleuchten**
Deichtorhallen, Hambourg
(catalogue)

1990 **Culture and Commentary: An Eighties Perspective**
Hirshhorn Museum, Washington D.C.
(catalogue)

1991 **Metropolis**
Martin-Gropius-Bau, Berlin
(catalogue)

**Carnegie International 1991**
The Carnegie Museum of Art, Pittsburgh
(catalogue)

1992 **Allegories of Modernism. Contemporary Drawing**
Museum of Modern Art, New York
(catalogue)

**documenta IX**
Museum Fridericianum, Cassel
(catalogue)

1992–94
**Photography in Contemporary German Art: 1960 to the Present**
Walker Art Center, Minneapolis
Dallas Museum of Art et Modern Art Museum of Fort Worth, Dallas et Fort Worth
The Saint Louis Art Museum, Saint Louis
Guggenheim Museum Soho, New York
The Lannan Foundation, Los Angeles (catalogue)
**Photographie in der deutschen Gegenwartskunst**
Museum Ludwig, Cologne (catalogue et recueil de textes); Museum für Gegenwartskunst, Bâle (catalogue)
**Bild. Fotografi i tysk samtidskunst**
Louisiana Museum of Modern Art, Copenhague
(magazine du Musée comme catalogue)

1993 **Tutte le strade portano a Roma?**
Palazzo delle Esposizioni, Rome (catalogue)

**Kontext Kunst**
Neue Galerie am Landesmuseum Joanneum, Graz (catalogue)

1994 **The Epic & The Everyday**
Hayward Gallery, Londres
(catalogue)

1995 **Entr'Acte 3**
New Acquisitions for the Collection 1994/95
Stedelijk Van Abbemuseum, Eindhoven

1996 **Die Unersetzbarkeit des Bildes**
Eine Ausstellung in Erinnerung an Max Imdahl
Westfälischer Kunstverein, Münster
(catalogue)

1997 **documenta X**
Museum Fridericianum, Cassel
(catalogue)

**Impressum**


Verlag der Buchhandlung Walther König, Köln

Redaktion
Peter Hansen, Monika Maria Kraft

Gestaltung, Satz
Hayn/Willemeit, Büro für Grafik, Berlin

Lithos
NovaConcept, Berlin

Druck
H & P Druck, Berlin

Buchbinderische Verarbeitung
Lüderitz & Bauer, Berlin

Die Deutsche Bibliothek – CIP-Einheitsaufnahme
**Mucha, Reinhard:**
Fünfzig Postkarten/Mucha.
Abgeschiedenheit/Hannes Böhringer.
Hrsg. von Peter Hansen und Markus Hayn,–
Köln: König; London: d'Offay; New York: Luhring Augustine, 1997
ISBN 3-88375-276-2
Printed in Germany

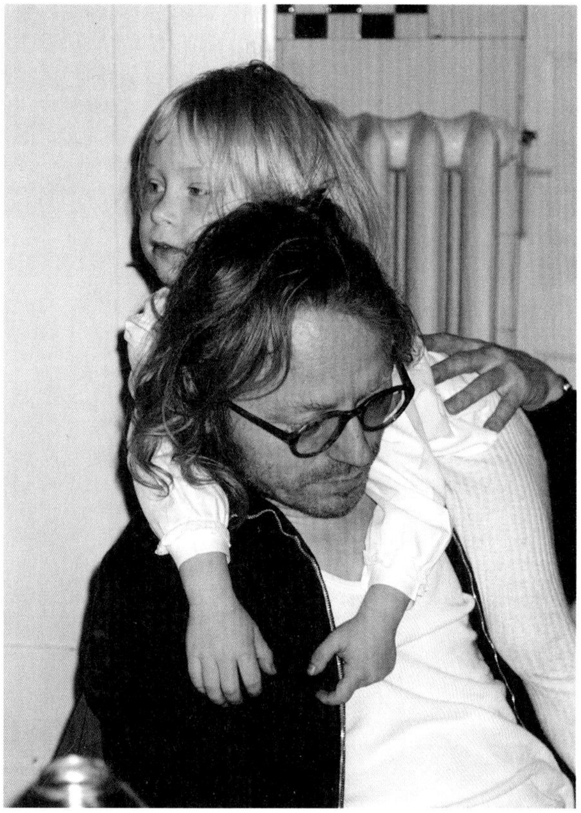